W0084654

Jörg Roesler   **Aufholen, ohne einzuholen!**

© privat

Jörg Roesler, Jahrgang 1940, studierte Wirtschaftswissenschaften, Geschichte und Wirtschaftsgeschichte an der Humboldt-Universität zu Berlin. Ab 1964 war er Mitarbeiter am von Jürgen Kuczynski gegründeten Institut für Wirtschaftsgeschichte der Humboldt-Universität und promovierte 1968 über die Geschichte der Leitung und Planung der DDR-Industrie. Von 1974 bis 1991 war Roesler Forschungsgruppenleiter am Institut für Wirtschaftsgeschichte der Akademie der Wissenschaften der DDR. In dieser Zeit habilitierte er und erhielt 1983 die Professur. Nach der Wende folgten wissenschaftliche Mitarbeit am Zentrum für Zeithistorische Forschung in Potsdam, Lehraufträge an der Universität der Künste und Gastprofessuren an der McGill-Universität in Montreal, an der University of Toronto (Kanada) und an der Portland State University (USA). Er legte zahlreiche Publikationen vor, u. a. *Geschichte der DDR* (PapyRossa, 2012).

Jörg
Roesler

AUFHOLEN,
OHNE
EINZUHOLEN!

Ostdeutschlands
rastloser Wettlauf
1965 – 2015
Ein ökonomischer
Abriss

edition berolina

eb edition berolina

ISBN 978-3-95841-042-8

1. Auflage
Alexanderstraße 1
10178 Berlin
Tel. 01805 / 30 99 99
FAX 01805 / 35 35 42
(0,14 / Min., Mobil max. 0,42 €/Min.)

© 2016 by BEBUG mbH / edition berolina, Berlin
Umschlaggestaltung: buchgut, Berlin
Umschlagabbildung: © dpa – picture alliance, Peter Heinz Junge
Druck und Bindung: CPI books GmbH, Leck

www.buchredaktion.de

Inhalt

EINLEITUNG
Worum es in diesem Buch geht

Zum Thema DDR-Geschichte sind in den zweieinhalb Jahrzehnten, seitdem sie aufgehört hat zu existieren, bereits viele Publikationen erschienen, darunter auch einige Gesamtdarstellungen. Die neuen Bundesländer dagegen entdeckt die deutsche Geschichtswissenschaft gerade erst jetzt als Thema. In diesem Band werden beide Themen unter gleichen Fragestellungen behandelt. Damit wird Neuland betreten. Was wird damit bezweckt? Was ist sonst noch neu an dieser Publikation?

Neu ist die Aufgabe, die sich der Autor gestellt hat: die Leistungen Ostdeutschlands, seine Erfolge und Misserfolge in Wirtschaft und Gesellschaft während der zweiten Hälfte der Existenz eines gesonderten ostdeutschen Staates und während des ersten Vierteljahrhunderts der Existenz der neuen Bundesländer (NBL) nachzuzeichnen und mit denen des anderen deutschen Staates beziehungsweise der alten Bundesländer (ABL) nach einheitlichen wissenschaftlichen Kriterien zu vergleichen und zu beurteilen. Im Zentrum des Vergleichs steht die Entwicklung der Wirtschaftsleistung. Sie stellte sich im Wettbewerb beider Staaten und Systeme als das Feld gesellschaftlicher Entwicklung heraus, auf dem die entscheidenden Schlachten geschlagen wurden. Über längere Zeit betrachtet, haben die Erfolge beziehungsweise Misserfolge im ökonomischen Bereich den Umfang des Konsums und damit das Wohlstandsniveau der Bevölkerung bestimmt, hat die Wirtschaftsentwicklung wesentlichen Einfluss auch auf Gestaltungsmöglichkeiten im Sozialbereich, auf den Ausbau des Gesundheits- und des Erziehungswesens ausgeübt und beträchtliche Auswirkungen auf die mentale Entwicklung der Einwohner, ihr Selbstbewusstsein und ihre Orientierungsbereitschaft gehabt. Das galt für die DDR-Jahre genauso, wie es für die Entwicklung der neuen Bundesländer nach 1990 gilt.

Wodurch unterscheidet sich diese Art des Herangehens von den jüngsten Einschätzungen über die DDR und die neuen Bundesländer? Deren Kernaussagen sind vorrangig beziehungsweise vollständig ideologisch geprägt: Planwirtschaft und Diktatur waren demnach Behinderer, wenn nicht gar Verhinderer des wirtschaftlichen und gesellschaftlichen Voranschreitens im Osten, Marktwirtschaft und Demokratie dagegen wirkten dort nach 1990 als Entwicklungsbeschleuniger. Das Resultat eines Vergleichs der ostdeutschen Entwicklung mit der Westdeutschlands steht für beide Zeiträume damit von vornherein fest: Zu DDR-Zeiten blieb Ostdeutschland wirtschaftlich und gesellschaftlich immer weiter zurück. Mit dem Beitritt zur Bundesrepublik erhielt es die Möglichkeit, aufzuholen und zum westdeutschen Entwicklungsniveau aufzuschließen. Dafür werden jede Menge passende Beispiele aus der DDR- beziehungsweise NBL-Geschichte herausgesucht, daraus verallgemeinernde Feststellungen gefiltert und Entwicklungstrends beschworen. Ein nüchterner, unvoreingenommener und gewiss auch aufwendiger Vergleich anhand aussagekräftiger Kriterien erübrigt sich bei dieser Art des Herangehens, da das Ergebnis des Leistungsvergleichs von vornherein feststeht. Insofern darf es nicht verwundern, dass diejenigen deutschen Zeithistoriker, die der vorherrschenden Ideologie anhängen, sich im letzten Vierteljahrhundert kaum der sorgfältigen Ermittlung der Resultate der Aufholstrategien der Herrschenden gewidmet haben, weder der im Zeitraum vor 1990 verkündeten für die DDR gegenüber der BRD noch der seit 1990 verfolgten für die NBL gegenüber den ABL.

Das bisher Versäumte soll mit dieser Publikation nachgeholt werden. Natürlich kann man sich fragen, ob es gerechtfertigt ist, sich für die Beurteilung der Wirtschaftskraft Ostdeutschlands auf deren Entwicklung im Vergleich mit der Westdeutschlands zu konzentrieren, also nicht auf den absoluten, sondern auf den relativen Fortschritt beziehungsweise Rückschritt der DDR beziehungsweise der NBL. Ein Blick auf den tatsächlichen Geschichtsverlauf lässt erkennen, dass diese Verknüpfung durchaus geboten ist. Die DDR hat sich stets im Vergleich zur Bundesrepublik definiert. Kein Fünf- beziehungsweise Siebenjahrplan wurde dort verabschiedet, ohne dass seine Ziele nicht auch mit Blick auf die wirtschaftliche Entwicklung beim westlichen Nachbarn festgelegt wurden, ob das nun – wie in den beiden ersten Jahrzehnten der Existenz der DDR – öffentlich gemacht wurde oder ob dies – ab 1971 – eher intern geschah.

Bereits im Dokument über den ersten Fünfjahrplan der DDR (1951–1955) hieß es einleitend in diesem Sinne: »Dieser Plan gibt das Beispiel für die Entwicklung in ganz Deutschland. Es zeigt allen friedliebenden Menschen in der ganzen Welt das Gesicht eines neuen, wahrhaft friedlichen und demokratischen Deutschland.« Im Mittelpunkt der Deutschlandpolitik der SED-Führung stand immer das Versprechen, bezüglich Wirtschaftsleistung und Wohlstandsniveau den nach 1945 vor allem durch Demontagen und andere Reparationsleistungen eingetretenen Rückstand der DDR gegenüber der Bundesrepublik zumindest aufzuholen. Die SED-Führung wusste, dass Antifaschismus und soziale Gerechtigkeit allein nicht ausreichen würden, die DDR auf Dauer im deutschsprachigen Raum zu verankern. Das Wohlstandsniveau musste irgendwann dem der Bundesrepublik entsprechen. Das zu gewährleisten, verlangte auch eine Wirtschaftsleistung auf

»Westniveau«. Dieses Ziel zu erreichen, gelang – wie noch detaillierter in diesem Band beschrieben wird – nicht. Der Erhalt der DDR konnte folglich nicht gesichert werden.

Mit dem Anschluss der DDR an die Bundesrepublik im Jahr 1990 ging die Aufgabe, an der die SED-Führung gescheitert war, auf die Bundesregierung über. Und diese hat sie – worauf in der gebotenen Ausführlichkeit einzugehen ist –, ohne zu zögern, akzeptiert. Die Verpflichtung, nachzuweisen, dass Ostdeutschland im besseren Deutschland angekommen ist, ergab sich für die Regierung von Helmut Kohl und die Nachfolgeregierungen von Gerhard Schröder und Angela Merkel zwangsläufig aus der Geschichte des Zustandekommens der deutschen Einheit 1990: Ohne das Versprechen, den Osten rasch auf das Niveau des ökonomisch leistungsfähigeren, ein höheres Wohlstandsniveau aufweisenden und vor allem deshalb (und weniger durch Freiheit und Demokratie, wie gern behauptet) attraktiveren deutschen Teilstaats zu heben, hätte die Mehrheit der DDR-Bevölkerung im März 1990 nicht für jene ostdeutschen Parteien gestimmt, die sich die Eingliederung Ostdeutschlands in die BRD zum Ziel gesetzt hatten. Ohne bundesdeutsches Aufholversprechen hätte es keinen Anschluss der DDR gegeben.

Tatsache ist also: Seit 1990 gilt in der Bundesrepublik die Angleichung des ostdeutschen an das Westniveau als Maßstab für eine erfolgreiche Entwicklung der neuen Bundesländer. Daher ist es historisch gerechtfertigt, die Entwicklung der Wirtschaft in den neuen Bundesländern nach 1990 anhand der gleichen Kriterien zu messen wie sie für die Beurteilung des ökonomischen Wettbewerbs der DDR mit der BRD in den zweieinhalb Jahrzehnten vor 1990 verwendet werden.

Als das wichtigste Kriterium ist von mir das Bruttoinlandsprodukt je Einwohner als statistischer Nachweis für die Entwicklung der Wirtschaftskraft ausgewählt worden. Es handelt sich um eine Kennziffer, die auf der Grundlage des von den Vereinten Nationen benutzten und empfohlenen »Systems Volkswirtschaftlicher Gesamtrechnungen« über die Entwicklung der Arbeitsproduktivität in einem Land beziehungsweise in einer Region Auskunft gibt.

Eine bekanntere Variante der Messung der Arbeitsproduktivität bezieht den Wert der im Land geschaffenen Erzeugnisse und Dienstleistungen nicht auf die Gesamtbevölkerung, sondern auf die Anzahl der Beschäftigten. Die dabei häufig zur Messung verwendete Kennziffer »Bruttoinlandsprodukt pro Erwerbstätigen« halte ich für den deutsch-deutschen Vergleich der Produktivitätsentwicklung für weniger geeignet. Sie hat den Nachteil, dass sie weder den in beiden Ländern beziehungsweise Regionen unterschiedlichen Anteil der Nicht-Erwerbstätigen (darunter die Zahl der Arbeitslosen) berücksichtigt noch die Unterschiede in der durchschnittlich geleisteten Arbeitszeit je Beschäftigten. In der DDR gab es im zu behandelnden Zeitraum im Unterschied zur Bundesrepublik keine Arbeitslosen, in den NBL lag und liegt die Arbeitslosenkennziffer signifikant höher als in den ABL. Der Anteil der Teilzeitbeschäftigten war in den siebziger und achtziger Jahren in der DDR größer als in der BRD wegen des deutlich höheren Anteils berufstätiger Frauen. Die aus dem unterschiedlichen Beschäftigungsgrad beider Länder beziehungsweise Regionen resultierenden störenden Einflüsse auf die exakte Messung der volkswirtschaftlichen Produktivität können eliminiert werden, wenn die Arbeitsleistung auf die gesamte Bevölkerungszahl bezogen wird, wie es in diesem Buch geschieht.

Aber lässt sich die Fokussierung der Analyse auf *ein* (Aufhol-)Kriterium als Ausgangspunkt für die Beurteilung der Gesamtentwicklung rechtfertigen?

Dazu ist zu sagen: Wenn auch die Gegenüberstellung der an der Arbeitsproduktivität je Einwohner gemessenen wirtschaftlichen Leistungskraft Ost- und Westdeutschlands wegen ihrer gesellschaftlichen Bedeutung und exakteren Aussage im Mittelpunkt des Vergleichs der Entwicklung beider deutscher Staaten stehen muss, so ging und geht es doch beim Vergleich der Entwicklung Ost- und Westdeutschlands keineswegs nur um die Angleichung der wirtschaftlichen Leistungskraft. Aber deren Niveau und Entwicklung, das sei noch einmal betont, hat unmittelbaren Einfluss auf die Entwicklung anderer gesellschaftlicher Bereiche, auf das Wohlstandsniveau, die soziale Sicherheit, die Einkommens- und Vermögensentwicklung, auf das Gesundheits- und das Erziehungswesen.

Es muss noch einmal betont werden: Die Aufgabe, zum Leistungs- und Wohlstandsniveau des anderen Teils von Deutschland aufzuschließen, konnten sich die Regierenden weder in der DDR vor noch in der BRD nach 1990 auswählen. Die ostdeutsche Bevölkerung maß die Tatkraft und die Glaubwürdigkeit ihrer jeweiligen Regierungen vor allem daran, ob sie in der Lage waren, das Lebensniveau in Ostdeutschland an das im anderen Deutschland anzupassen. Die Verpflichtung, nachzuweisen, dass die DDR das bessere Deutschland ist, ergab sich für die SED-Führung somit schon aus der Gründungsgeschichte des ostdeutschen Staates: Der ökonomisch leistungsfähigere, ein höheres Wohlstandsniveau aufweisende, sozial gerechtere, das heißt der attraktivere, deutsche Teilstaat würde letztlich das vereinigte Deutschland prägen.

Für die SED-Führung schien der Erfolg des Aufholwettbewerbs mit der BRD, dem sie sich zu stellen hatte – selbst von der unverschuldet ungünstigeren Ausgangsposition der ostdeutschen Wirtschaft im Nachkriegsdeutschland aus –, vorprogrammiert. Diese Gewissheit gründete sich

vor allem auf Ideologie. Mit der administrativen Zentralplanwirtschaft glaubte man, das geeignete Mittel für den
Sieg im ökonomischen Wettbewerb in der Hand zu halten.
Die auf dem Fundament gesellschaftlichen Eigentums basierende sozialistische Planwirtschaft wurde der kapitalistischen Marktwirtschaft – schon wegen der mit jener Art
des Wirtschaftens verbundenen zyklischen Wirtschaftskrisen – als prinzipiell überlegen betrachtet. Darüber hinaus
glaubte man, für die demonstrierte Siegeszuversicht auch
Nachweise aus der Wirtschaftsgeschichte zu haben: Die
Erfolge sowjetischer Fünfjahrpläne der 1930er Jahre sowie
die beachtlichen Leistungen der sowjetischen Kriegswirtschaft 1941–1945 wurden auf das Territorium Ostdeutschlands projiziert und in die Zukunft extrapoliert. Ähnliches
galt auch für die sowjetischen Erfolge im Kosmos. Seit
1956 symbolisierte der Sputnik für mehr als anderthalb
Jahrzehnte in den Augen der SED-Führung die prinzipielle Überlegenheit der sowjetischen Wirtschaft und Technik
gegenüber der der USA.

Auch für die Regierung von Bundeskanzler Helmut
Kohl schien 1990, als der Kanzler dem Wunsch einer
Mehrheit der Ostdeutschen nach Teilhabe an der DM entsprach, der rasche Wirtschaftsaufschwung der neuen Länder vorprogrammiert. Dafür gab es erstens ideologische
Gründe. Mit der »sozialen Marktwirtschaft« – tatsächlich
war sie bereits seit einem Jahrzehnt neoliberal geprägt –
glaubte Kohl, das geeignete Instrument für ein rasches
Aufholen der ostdeutschen Länder in der Hand zu haben.
Die Überzeugung, über das effizientere Wirtschaftssystem
zu verfügen, ließ die Regierung von Helmut Kohl nicht
daran zweifeln, dass der Osten des vereinigten Deutschlands binnen kurzer Zeit zum Westniveau aufschließen
würde, sobald dort die planwirtschaftlichen Strukturen
beseitigt und durch marktwirtschaftliche ersetzt sein wür

den. Diese 1990 demonstrierte Gewissheit war also vor allem ideologisch begründet. Darüber hinaus schöpfte man auch aus einem historischen Vergleich diese Zuversicht. Gern wurde seitens bundesdeutscher CDU/CSU- und FDP-Politiker 1990 darauf hingewiesen, dass in Westdeutschland 1948 nach drei Jahren einer als wenig effizient eingeschätzten bürokratisch organisierten »Bewirtschaftung« die Währungsreform das Tor zum »Wirtschaftswunder« aufgestoßen hatte. Genauso würde die propagierte Währungsunion, kombiniert mit der Einführung der Marktwirtschaft, für Ostdeutschland ein »zweites Wirtschaftswunder« einleiten.

Wie wir wissen, und wie im Einzelnen noch nachzuweisen sein wird, haben sich die Konvergenz-Voraussagen weder für die DDR noch in den neuen Bundesländern erfüllt, weder im verkündeten Umfange noch in der vorgesehenen Zeitspanne. Die Schuld daran haben sich allein die Regierenden zuzuschreiben, auch wenn deren deutschlandpolitisches Handeln jeweils der Zustimmung der »Schutzmächte« USA und UdSSR bedurfte. Allerdings kann auf die außenpolitische Einbettung der Aufholpolitik beziehungsweise des Vereinigungsprozesses im Rahmen dieses Buches – schon aus Platzgründen – unmittelbar nur an einigen Stellen eingegangen werden.

Einen gebührenden Platz im Buch nimmt die Beantwortung der Frage ein, wie die Regierenden in der DDR beziehungsweise BRD mit den unbefriedigenden Ergebnissen ihrer Aufholpolitik intern und gegenüber der Öffentlichkeit umgingen. Dabei sind die Überlegungen beziehungsweise Maßnahmen zur eventuellen Korrektur der bald als wenig geeignet erkennbaren Wirtschaftsstrategie innerhalb der Regierungen ebenso im Fokus der Darstellung wie das Bestreben der Politiker und der von ihnen beherrschten beziehungsweise beeinflussten Medien, die

Ergebnisse und vor allem die bei der Aufholpolitik auftretenden Probleme der Bevölkerung zu vermitteln beziehungsweise zu verschweigen. Gemeinsamkeiten und Unterschiede im Vorgehen der Regierungen der DDR beziehungsweise BRD geben am konkreten Fall auch Hinweise auf die Wirkungsweise und die Folgen der unterschiedlichen politischen Lenkungsstrukturen, das heißt über Diktatur beziehungsweise Demokratie in DDR und BRD.

Einige Hinweise noch zum Aufbau des Buches: Von den auf diese einleitenden Bemerkungen folgenden Kapiteln beziehungsweise Unterkapiteln sind acht dem Zustandekommen, der Verkündung und den Problemen der Realisierung der Aufholprogramme gewidmet. Davon beziehen sich in chronologischer Reihenfolge vier Abschnitte auf die DDR, zwei auf die »Wendezeit« 1989/90 und zwei auf die Entwicklung der neuen Bundesländer im vereinigten Deutschland. Eine Unterteilung auch innerhalb der Zeiträume vor und nach 1989 erschien mir notwendig, da die Bedingungen für die Verwirklichung der Konvergenzstrategien, darunter die eingesetzten Mittel und die Rahmenbedingungen für die Aufholpolitik, sich von Zeitabschnitt zu Zeitabschnitt zum Teil beträchtlich unterschieden. Das gilt sowohl für das Vierteljahrhundert, in dem Ostdeutschland nunmehr Bestandteil der Bundesrepublik ist, als auch für die behandelten 25 Jahre DDR-Entwicklung. Für den Zeitraum 1965 bis 1990 ist eine zeitliche Untergliederung der Entwicklung schon deshalb angebracht, weil sich in den nach dem Ende der DDR von Historikern und auch Wirtschaftshistorikern verfassten Darstellungen zur DDR-Geschichte die Tendenz breitgemacht hat, die Wirtschaftsentwicklung der DDR rückblickend als »aus einem Guss« zu betrachten, als eine – durch die Übernahme der Planwirtschaft bedingte – Fehlentwicklung von Anfang an, die die DDR-Geschichte bestenfalls noch als einen »Untergang auf Raten« darstellen lässt.

Eine Entwicklung »wie aus einem Guss« lässt sich auf den ersten Blick auch für die 25 Jahre nach der Vereinigung zumindest aus den regierungsamtlichen Verlautbarungen zum Aufbau Ost ablesen. Gewiss, es dauere länger als ursprünglich vorgesehen, hieß es. Aber man sei kontinuierlich bemüht gewesen, den »Aufschwung Ost« voranzubringen, und die neuen Bundesländer schlössen immer mehr zu den alten auf. Tatsache ist aber etwas anderes: Wie zu DDR-Zeiten, eigentlich noch ausgeprägter, lassen sich auch für die Zeit ab 1990 anhand der ausgewählten Kriterien bei der Realisierung des Zieles der Angleichung des Wirtschaftsniveaus Zeiten der erfolgreichen Verwirklichung der Aufholstrategie und solche der Stagnation beziehungsweise ihres Misslingens voneinander unterscheiden.

Im 9. Kapitel dieser Publikation werden die Einholversuche vor und nach 1990, unternommen von der SED-Führung beziehungsweise den bundesdeutschen Regierungen, miteinander verglichen hinsichtlich ihrer Erfolge und Probleme, der Ähnlichkeiten und Unterschiede im Herangehen, in der Bereitschaft, die auftretenden Probleme zu erkennen, sie in der Öffentlichkeit zu diskutieren und im Falle problematischer Entwicklungen Änderungen an der verkündeten Strategie vorzunehmen. Abschließend wird anhand des Vergleichs der 1989 beziehungsweise im Jahr 2015 erreichten Ergebnisse bei der Verwirklichung der verfolgten Einholstrategien ein Blick auf die zukünftig zu erwartenden Ergebnisse im deutsch-deutschen beziehungsweise innerdeutschen Aufholwettbewerb geworfen.

1. »Überholen, ohne einzuholen«? – Ulbrichts Aufholpolitik bis 1970

Von den vielen Losungen aus DDR-Zeit gehört »Überholen, ohne einzuholen« zu den bis heute bekannt gebliebenen. Die zum geflügelten Wort mutierte Losung lieferte sogar den Titel für ein 1995 zum Kauf angebotenes »zeitgemäßes Würfelspiel mit historischem Hintergrund«. Der Grund, warum auf diese Losung in der Publizistik immer mal wieder gern Bezug genommen wurde, ist offensichtlich: Sie ist geeignet, Ulbricht und die SED-Führung als Illusionisten, als Hochstapler zu entlarven, gibt deren Glauben daran, dass sich mit der Planwirtschaft Wunder vollbringen lassen, der Lächerlichkeit preis.

Doch analysieren wir das Zustandekommen der Zielstellung ernsthaft! Als Ende der 1960er Jahre in den Planvorlagen der SED, so in der vom Ministerrat der DDR 1970 herausgegebenen »Grundsatzregelung für die Gestaltung des ökonomischen Systems des Sozialismus in der DDR im Zeitraum 1971 bis 1975«, verkündet wurde, dass man sich bei der Realisierung der Planaufgaben vom Prinzip »Überholen, ohne einzuholen« leiten lassen werde, war auch die Sicht des westdeutschen Nachbarn auf die von der SED-Führung herausgegebene Losung noch sachlich. »Das etwas paradoxe Motto von Walter Ulbricht«, befand der auf die DDR spezialisierte Wirtschaftsjournalist Joachim Nawrocki durchaus ernsthaft. In einem in der *Zeit* im April 1970 erschienenen Artikel zitierte er zur näheren Erläuterung des Prinzips ohne Skrupel aus dem *Neuen Deutschland*. Dort hatte die Redaktion den Lesern die mit »Überholen, ohne einzuholen« verfolgten Absichten so erklärt: »Wir wollen dem gegenwärtigen Welthöchststand nicht auf bereits mehr oder weniger bekannten Wegen nacheilen, um ihn zu erreichen. Vielmehr wollen wir, gewissermaßen an ihm vorbei, völlig neue Wirk- und Arbeitsprinzipien, neue Technologien erkunden und praktisch beherrschen und auf diese Weise einen neuen Höchststand bestimmen.« Nawrocki verwies im *Zeit*-Artikel noch darauf, dass die Politik der SED, von Wirtschaftsniveau und -leistung her zum Westen, insbesondere zur Bundesrepublik, aufzuschließen, nicht neu sei, von Ulbricht vielmehr seit mehr als einem Jahrzehnt betrieben werde.

Tatsächlich war im September 1959 vom Parlament der DDR ein Siebenjahrplan (1959–1965) verabschiedet worden, dessen »ökonomische Hauptaufgabe« lautete: »Die Volkswirtschaft der DDR ist innerhalb weniger Jahre so zu entwickeln, dass die Überlegenheit der sozialistischen Gesellschaftsordnung gegenüber der Herrschaft der imperialistischen Kräfte im Bonner Staat eindeutig bewiesen wird und infolgedessen der Pro-Kopf-Verbrauch mit allen wichtigen Konsumgütern den Pro-Kopf-Verbrauch der Gesamtbevölkerung in Westdeutschland erreicht und übertrifft.« In seiner Rede zur Begründung der »ökonomischen Hauptaufgabe« äußerte sich Walter Ulbricht präziser hinsichtlich des Zeitraums, in dem das Siebenjahrplanziel erreicht werden sollte: »Wir schlagen vor, durch gemeinsame größere Anstrengungen in den nächsten drei Jahren die ökonomische Hauptaufgabe bis 1961 zu lösen.«

Ohne sich verschulden zu müssen, konnte das Ziel nur erreicht werden, wenn auch das Leistungsniveau der DDR-Wirtschaft an das bundesdeutsche herangeführt wurde. In einer 1960 herausgegebenen Broschüre zur Popularisierung der Siebenjahrplanziele hieß es dementsprechend auch: »Die DDR wird bis 1961 Westdeutschland im Verbrauch der wichtigsten Konsumtionsmittel pro Kopf der Bevölkerung einholen und übertreffen sowie im Verlaufe des Siebenjahrplanes eine höhere Arbeitsproduktivität wie Westdeutschland erreichen.« Überhaupt nicht klar war, mit welchen Mitteln man im Jahr 1961 und den darauffolgenden drei oder vier Jahren, das heißt, solange die Wirtschaftsleistung noch niedriger sein würde als das Konsumtionsniveau, die Differenz ausgleichen würde. Über derartige »Kleinigkeiten« schwieg sich die immerhin 46 Seiten umfassende Propagandabroschüre aus. Dem Leser von heute, der aus der Kenntnis der nachfolgenden Jahrzehnte urteilt, stellt sich vor allem aber die Frage, wie Ulbricht und die anderen Mitglieder der SED-Führung, wenn sie schon aus Opportunitätsgründen – um die Arbeitskräfteabwanderung von der DDR in die BRD zu stoppen – das ehrgeizige Aufholziel verkünden zu müssen glaubten, eine so kurze Frist für die Erreichung dieses Zieles ansetzen konnten. Wenn man die »ökonomische Hauptaufgabe« nicht als Luftnummer, als Agitation, nicht einfach als leeres Versprechen einschätzt, was allerdings angesichts dessen, dass damals noch jeder DDR-Bürger den Lebensstandard vergleichen konnte bei einem Besuch Westberlins, unwahrscheinlich ist, dann bleibt auf den ersten Blick nur die Antwort, dass der proklamierte Wettbewerb mit dem ökonomischen Riesen BRD von gewaltigen Illusionen über die Möglichkeiten der Planwirtschaft gegenüber marktwirtschaftlichen Regelmechanismen getragen wurde. Gemeint war die Planwirtschaft, wie sie damals in der DDR und den Ländern Osteuropas (mit Ausnahme Jugoslawiens) vorherrschte: eine Planwirtschaft, die zentral und administrativ betrieben wurde und die sich weitgehend oder vollständig auf Staatsbetriebe gründete. Für einen derartigen Glauben an die Überlegenheit der Planwirtschaft spricht der folgende Abschnitt aus der Präambel des Siebenjahrplangesetzes: »Rund 90 Prozent der Industrieproduktion wird in den volkseigenen Betrieben erzeugt. Damit ist in der Deutschen Demokratischen Republik die kapitalistische Ausbeutung im wesentlichen beseitigt. Das Volk arbeitet nicht mehr für den kapitalistischen Profit, sondern für den eigenen Wohlstand und für das Wohl der sozialistischen Gesellschaft.«

Doch die SED-Führung verließ sich bei der Erarbeitung und Verkündung des ehrgeizigen Aufholzieles keineswegs allein auf die Ideologie. Sie berief sich auch auf die jüngste Geschichte, darauf, dass in der DDR sowohl der Zweijahrplan (1949–1950) als auch der erste Fünfjahrplan (1951–1955) übererfüllt worden waren; darauf, dass die außerordentlichen wirtschaftlichen Belastungen der Nachkriegszeit aufgehört hatten. Seit Ende 1954 musste die DDR keine Reparationen mehr leisten, seit 1958 keine Besatzungskosten mehr zahlen. Bereits 1957 hatte sich der sowjetische Parteichef Nikita Chruschtschow verpflichtet, zukünftig die verarbeitende Industrie der DDR vorbehaltlos mit den benötigten Rohstoffen für ein beschleunigtes Wirtschaftswachstum zu beliefern.

Nicht nur materielle, auch moralische Unterstützung erhielt die SED durch die KPdSU-Führung. Chruschtschow verkündete, dass der Übergang zum Sozialismus/ Kommunismus angesichts der Vermeidbarkeit eines »heißen Krieges« und der gewachsenen Stärke des »sozialistischen Weltsystems« nicht nur in der Sowjetunion, sondern auch in den anderen sozialistischen Ländern des Blocks in »historisch kurzer Frist« abgeschlossen werden könne. Es wäre deshalb möglich, beim Einholen der westlichen Ökonomien – die UdSSR die USA, China Großbritannien und die DDR die BRD – »Zeit zu gewinnen und die Frist zu verkürzen« und im Systemwettbewerb zu siegen.

Ulbricht und die SED-Führung glaubten, noch ein weiteres Argument zugunsten eines raschen Aufholens der DDR in der Tasche zu haben: die zyklischen Krisen des

Kapitalismus. Diese hatten die Marktwirtschaften im 19. und 20. Jahrhundert in Abständen immer wieder getroffen. Nach 1945 waren sie bis dato ausgeblieben. Umso wahrscheinlicher war, dass sie bald auftreten würden. Die an der Humboldt-Universität lehrenden Professoren für »Politische Ökonomie des Kapitalismus« sagten sie als bevorstehend voraus. Einer von ihnen, Johann Lorenz Schmidt, veröffentlichte in der vom Zentralkomitee der SED herausgegebenen wissenschaftlichen Monatszeitschrift *Einheit* 1958 einen Artikel unter der Überschrift »Die Wirtschaftskrise in den kapitalistischen Ländern ist unabwendbar«. Er schloss aus der abflauenden Wachstumskurve des Bruttosozialprodukts mehrerer dieser Länder seit Mitte der 1950er Jahre, dass »eine richtiggehende zyklische Überproduktionskrise« in den USA, aber »auch in verschiedenen anderen hochentwickelten Ländern wie England und Westdeutschland« bevorstände. Der sich dank günstigeren Umfelds beschleunigende Wirtschaftsaufschwung Ost und die gleichzeitig zu erwartende nachlassende Wirtschaftsentwicklung West ließen die SED-Führung mit einer raschen Annäherung der DDR-Wirtschaftsleistung an die der Bundesrepublik rechnen.

In Radiosendungen und Zeitungsartikeln war die SED-Führung bemüht, die historischen Argumente für das Gelingen des wichtigsten Siebenjahrplanzieles der Bevölkerung nahezubringen. Dabei scheuten sich die Propagandisten durchaus nicht, auch Argumente zugunsten des raschen Einholens vorzubringen, die einer seriösen Überprüfung nicht standhalten konnten. In einer von der SED-Bezirksleitung Groß-Berlin, Abteilung Agitation/Propaganda, im ersten Quartal 1960 »für die Berliner Arbeiter« herausgegebenen Broschüre, betitelt »Die große nationale Bedeutung des Siebenjahrplanes der Deutschen Demokratischen Republik«, wurde, um glaubhaft zu machen, dass das Einholen der Bundesrepublik gelingen würde, zum Beispiel so argumentiert: »Nach dem Ersten Weltkrieg betrug der Anteil der Sowjetunion an der Industrieproduktion der Welt etwas mehr als 2 Prozent, 1937 schon 10 Prozent. Heute produziert das sozialistische Lager rund 35 Prozent. Man braucht kein Wirtschaftsfachmann zu sein, um zu verstehen, dass die sozialistische Gesellschaft, die unter den schwierigsten Bedingungen ihren Anteil an der industriellen Produktion der Welt von 2 Prozent auf 35 Prozent erhöhen konnte, nunmehr in der Lage ist, in kurzer Zeit den Anteil von 35 Prozent auf über 50 Prozent zu erhöhen. Dieser Blick auf unsere nahe Zukunft ist wunderbar.«

Selbst wenn man die berechneten Anteilwerte so akzeptiert, fällt auf, dass die unter dem Kapitalismus in den europäischen Ländern des »sozialistischen Weltsystems« aufgebauten Industrien – und die in Ostdeutschland und in der Tschechoslowakei waren bereits hochentwickelt, bevor die Länder »sozialistisch« wurden – einfach dem sozialistischen Aufbau zugerechnet wurden. Es wurde im Interesse der Darstellung eines eindrucksvollen Wachstums unter planwirtschaftlichen Vorzeichen von den Berliner Propagandisten schlichtweg und übel getrickst!

Doch inwieweit kam die Propagierung der »ökonomischen Hauptaufgabe« überhaupt bei den Adressaten, etwa bei den Berliner Arbeitern, an? Meinungsumfragen gab es Ende der fünfziger Jahre in Ostdeutschland noch nicht. Ein Meinungsforschungsinstitut wurde in der DDR erst 1964 gegründet. Wahlen, bei denen die Bevölkerung über die wirtschaftspolitischen Programme der Parteien hätte abstimmen können, gab es ebenfalls nicht. Doch es gab, was bundesdeutsche Politiker und Publizisten seinerzeit als »Abstimmung mit den Füßen« bezeichneten: das Verlassen der DDR in Richtung Westen durch diejenigen ihrer Bürger, die von der Entwicklung in der DDR enttäuscht waren, über die offene Grenze in Berlin. Ein Großteil derjenigen »Zonenflüchtlinge«, die – wie es in der bundesdeutschen Propaganda hieß – dem »SED-Regime den Rücken kehrten«, waren nach unseren heutigen Maßstäben Wirtschaftsflüchtlinge. Der Anteil derjenigen Migranten aus der DDR, die gegenüber den bundesdeutschen Aufnahmebehörden nachweisen konnten, dass sie »wegen einer Gefahr für Leib und Leben oder die persönliche Freiheit« geflohen waren, lag im Durchschnitt der Jahre 1952 bis 1961 bei 14,2 Prozent. Sechs von sieben Ost-West-Wanderern erhofften vom Wechsel von einem deutschen Staat in den anderen eine raschere Steigerung ihres Lebensstandards, als das in der DDR möglich war.

Wie reagierten nun diese potentiellen Abwanderer auf das Versprechen der Regierenden, in der DDR innerhalb weniger Jahre die gleichen Lebensbedingungen zu schaffen wie in Westdeutschland? Glaubten sie Ulbricht und der SED-Führung? Die Antwort lässt sich anhand der Entwicklung der jährlichen Flüchtlingszahlen vor und nach der Verkündung der »ökonomischen Hauptaufgabe« 1958 ablesen: Die Zahl der Abwanderer, die 1957 352 000 erreicht hatte, sank noch 1958 auf 216 000 und verringerte sich 1959 weiter auf 144 000. Das hieß: Ein Großteil der Ausreisewilligen und sicher auch der DDR-Bevölkerung insgesamt betrachtete das Aufholziel der SED nicht als reine Propaganda! Die potentiellen Migranten waren zumindest bereit, ihre geplante Ausreise auszusetzen, um abzuwarten, ob die SED-Führung tatsächlich in der Lage sein würde, den Lebensstandard im Osten dem im Westen signifikant anzunähern. Bereits 1960 ließ diese Zuversicht deutlich nach. Die Zahl der Ost-West-Migranten stieg erneut an, auf 203 000. In der Bevölkerung kursierte der Witz: »1961 wird die gesamte Bevölkerung der DDR mit

Filzlatschen ausgestattet! Warum das? Damit der Westen nicht merkt, wie wir ihn überholen!« 1961 konnte nur noch der Bau der Mauer verhindern, dass die Zahl der »Republikflüchtlinge« erneut – wie 1955–1957 – die 300000er Grenze überschritt.

1960 reifte auch bei den Wirtschaftsplanern um Bruno Leuschner, dem langjährigen Chef der Staatlichen Plankommission (SPK), die Erkenntnis, dass keine Chance mehr bestand, das Siebenjahrplanziel zu realisieren. Und das nicht nur, weil die zyklische Krise im Westen, allen Vorhersagen von DDR-Wirtschaftswissenschaftlern zum Trotz, ausgeblieben war. Selbst wenn man unvorhergesehene »westliche Störmanöver« in Rechnung stellte – die Bundesregierung kündigte der DDR im September 1960 kurzfristig und kurzzeitig das Handelsabkommen für 1961 –, dann war doch nicht zu leugnen: Man hatte die eigenen Möglichkeiten deutlich überschätzt. 1961/63 halbierten sich die Zuwachsraten der industriellen Bruttoproduktion der DDR gegenüber 1957/59. Der Zuwachs an Nationaleinkommen sank in diesem Zeitraum fast auf ein Drittel, von 9,8 Prozent auf 3,7 Prozent. Die Siebenjahrplanziele mussten bereits 1960 »präzisiert«, auf Deutsch: herabgesetzt werden. Von der Erreichung des bundesdeutschen Konsumniveaus sprach kein SED-Funktionär mehr. Anfang 1963 wurde der Siebenjahrplan per Parteitagsbeschluss zugunsten eines neuen »Perspektivplans bis 1970« außer Kraft gesetzt. Mit dem Siebenjahrplan verschwand auch die »ökonomische Hauptaufgabe«, die Bundesrepublik auf dem Gebiet der Arbeitsproduktivität bis spätestens 1965 einzuholen, aus der Planung.

Das von der Bevölkerung nach der Aufgabe der ambitionierten Zielsetzungen von 1958/59 erwartete öffentliche Eingeständnis des Abbruchs des Siebenjahrplanes durch die SED-Führung sowie deren Darlegung der Gründe des Scheiterns blieben aus. Offensichtlich meinte Ulbricht, auf diese Weise einen noch größeren Prestigeverlust vermeiden zu können. Ein zweiter Grund für das Ausbleiben einer öffentlichen Stellungnahme lag darin, dass die SED-Führung sich selbst nicht einig über die Ursache des Wachstumsdebakels war. Die Konservativen meinten, der Siebenjahrplan sei das Opfer »imperialistischer Störmanöver« geworden. Mit der Grenzschließung vom 13. August 1961 sei derartigen Störmanövern des westdeutschen Imperialismus ein für alle Mal ein Riegel vorgeschoben worden, vor allem der massenhaften Republikflucht ein Ende gesetzt. Nunmehr könne sich die Wirtschaft der DDR erstmals »störfrei« entwickeln und werde wieder rasche Fortschritte machen.

Andere Vertreter des DDR-Establishments, später als Reformer bezeichnet, vertraten dagegen die Ansicht, dass es innere Ursachen für das Nichterreichen der 1958/59 gesetzten Ziele gäbe. Sie sahen sie vor allem im Planungssystem. Es müsse grundlegend reformiert werden. Ulbricht schloss sich den Auffassungen dieser Gruppe um den Vorsitzenden des Wirtschaftsausschusses der Volkskammer, Erich Apel, an. Den Ausschlag zugunsten von ökonomischen Reformen ergaben die Wirtschaftsergebnisse des ersten Jahres nach dem Mauerbau, als die DDR-Wirtschaft, »störfrei« gemacht, 1962 entgegen der Vorhersage der Konservativen keine höheren Wachstumsraten erzielte als zuvor bei offener Grenze. Der VI. Parteitag der SED, der im Januar 1963 in Ostberlin tagte, machte den Weg für Reformen frei. Die »Richtlinie für das neue ökonomische System der Planung und Leitung der Volkswirtschaft« (NÖS) wurde im Juni 1963 auf einer gemeinsamen Konferenz von Wirtschaftsfunktionären des Partei- und des Staatsapparates vorgestellt. Einleitend wurde erstmals öffentlich Selbstkritik am Wirtschaftslenkungssystem der DDR während der 1950er Jahre geübt. »Das bisherige Planungs- und Leitungssystem unserer Volkswirtschaft sichert nicht in genügendem Maße einen ständig hohen Nutzeffekt der Wirtschaftstätigkeit, der die entscheidende Voraussetzung einer schnellen und proportionalen Entwicklung der Produktivkräfte ist. Die traditionellen Methoden der Planung behindern die volle Entfaltung der Triebkräfte der sozialistischen Entwicklung.« Sie hätten begonnen, »das erforderliche Tempo unserer ökonomischen und gesellschaftlichen Entwicklung zu bremsen«.

Die Zuversicht der Wirtschaftsreformer, mit Hilfe des NÖS für die DDR gute Ergebnisse beim Aufholen gegenüber der BRD-Wirtschaft zu erzielen, war groß. »Indem das NÖS verwirklicht wird, sichern wir alle Faktoren, um im Interesse der gesamten Nation die Überlegenheit unserer sozialistischen Ordnung gegenüber dem kapitalistischen System in Westdeutschland auch auf ökonomischem Gebiet zu beweisen«, hieß es in der »Richtlinie«. Aus diesem Grund wurde die 1958/59 formulierte Zielstellung, hinsichtlich der Wirtschaftsleistung zur Bundesrepublik aufzuschließen, auch nicht ad acta gelegt, sondern prinzipiell beibehalten, wenn man auch – das Siebenjahrplan-Debakel vor Augen – beim Aufholen auf eine exakte Fristsetzung fürs Erste verzichtete.

Die SED-Führung behielt also die Wirtschaftsentwicklung in der Bundesrepublik im Blick und verglich die eigenen ökonomischen Fortschritte mit denen des Westens – sowohl hinsichtlich des quantitativen Wachstums wie auch hinsichtlich der Qualität und Modernität der Erzeugnisse. Das Bruttoinlandsprodukt je Einwohner lag ab 1964 in jedem NÖS-Jahr höher als 1963, als die Reform beschlossen wurde, aber noch nicht wirksam war. Da man sich aber auch in der Bundesrepublik einer guten Konjunktur erfreute, blieb das Aufholtempo mäßig. Betrug die Wirtschaftsleistung pro Kopf 1961 in der DDR nach den Daten, die das Kölner Zentrum für Historische Sozialforschung berechnet hat, 40,5 Prozent des Westniveaus, so waren es 1967 45,2 Prozent. Der relative Zuwachs war zwar erfreulich, verglichen mit der Zeit Ende der fünfziger und zu Beginn der sechziger Jahre, entsprach aber bei weitem nicht dem, was die Reformer sich von der Einführung des NÖS erhofft hatten.

Die Ursache für den verbleibenden Rückstand vermuteten Walter Ulbricht und Günter Mittag, der »Schutzherr« und der – nach Erich Apels Tod Ende 1965 – wichtigste Akteur des NÖS, beim wissenschaftlich-technischen Niveau der DDR-Erzeugnisse, verglichen mit dem der Bundesrepublik. In dieser Situation stieß Walter Ulbricht auf einen in der *Iswestija* veröffentlichten Artikel des sowjetischen Kybernetik-Professors W. Gluschkow, in dem dieser mit Blick auf die gegenwärtigen und künftigen Generationen von EDV-Anlagen den Gedanken »Überholen, ohne einzuholen« entwickelt hatte. Nach Ostberlin eingeladen, vertrat der sowjetische Kybernetik-Professor die Auffassung, es sollten die zukünftigen, völlig neuen technisch-technologischen Lösungen für einen längeren Zeitraum prognostiziert und davon ausgehend die qualitativen Produktionserfordernisse der nächsten Jahre bestimmt werden. Was Ulbricht an Gluschkows Meinung besonders gefiel: Als Ausgangspunkt der Planungen im Bereich Wissenschaft und Technik waren Entwicklungen gedacht, die im Westen noch nicht existierten – gewissermaßen mit einem Sprung konnte man sich so an die Spitze setzen, Weltniveau bestimmen. Diesen Gedanken übertrug Ulbricht auf die gesamte Wirtschaft. »Überholen, ohne einzuholen« wurde zum Motto einer neuen im Juni 1968 eingeleiteten Etappe der Wirtschaftsreform, die dem Aufbau des »Ökonomischen Systems des Sozialismus« (ÖSS) gewidmet war. Nunmehr sollten mittels »strukturkonkreter Planung« die Investitionen auf zukunftsträchtige Entwicklungen in den Zweigen Elektrotechnik, Elektronik und wissenschaftlichen Gerätebau konzentriert, gleichzeitig aber weiterhin die Selbständigkeit der Betriebe bei Entscheidungen über die Verwendung ihrer Gewinne gestärkt werden. Auf dieser Grundlage glaubte man, doch noch die rasche Annäherung der DDR an das Wirtschaftsniveau der Bundesrepublik realisieren zu können. »Sicherung des Durchbruchs zu Pionier- und Spitzenleistungen und der damit organisch verbundenen Systemautomatisierung«, hieß die Forderung in dem 1970 herausgegebenen Material »Zur Gestaltung des ökonomischen Systems des Sozialismus in der DDR in den Jahren 1971 bis 1975« der Arbeitsgruppe ÖSS beim Präsidium des Ministerrats der DDR. Das erfordere, schrieb die Arbeitsgruppe, »eine kompromisslose Konzentration des nationalen Forschungs- und Produktionspotentials, des entscheidenden Teils der Akkumulationskraft der Volkswirtschaft sowie des Inhalts der Aus- und Weiterbildung der Kader auf die vorrangige Lösung dieser Aufgaben«. Es gehe darum, die Vorzüge der reformierten sozialistischen Planwirtschaft, das heißt einschließlich der mit Produktionsentscheidungen ausgerüsteten Unternehmen, und somit »die Überlegenheit des sozialistischen Planungssystems im kommenden Fünfjahrplan voll auszuspielen«.

Der Leser, der im Unterschied zu den damals Handlungsberechtigten der politischen Klasse die weitere Wirtschaftsentwicklung der DDR kennt, wird sich fragen, woher bei denen der Optimismus kommen konnte, nach zwei vergeblichen Aufholversuchen noch einen von seiner Zielsetzung her wiederum sehr anspruchsvollen dritten zu starten. Der Historiker darf jedoch bei der Beurteilung der

Ziele sein Wissen um den zukünftigen Verlauf der Entwicklung nicht ins Spiel bringen, sondern muss versuchen, für die Beurteilung der Zielsetzung des Fünfjahrplans 1971–1975 die geistige Situation zu rekonstruieren, die zu derartig ehrgeizigen Wirtschaftszielen veranlasste. Er muss dabei erstens wissen, dass damals die Zeit einer ungebremsten Wachstumseuphorie war – und zwar im Osten wie im Westen. In Westeuropa hatte man in der Hochzeit des Kalten Krieges während der fünfziger Jahre der Planwirtschaft im Osten kaum Entwicklungsmöglichkeiten zugesprochen. Die DDR-Wirtschaft, so argumentierten bundesdeutsche Ostforscher, lebte nur noch von »Ruinenfledderei«, das heißt der Nutzung des vor 1945 geschaffenen Wirtschaftspotentials, soweit es den Weltkrieg und die sowjetischen Demontagen überstanden hatte. Eine Zukunft hatte die DDR wie die osteuropäischen Planwirtschaften in den Augen dieser »Ostexperten« nicht.

Doch der prophezeite wirtschaftliche Zusammenbruch blieb aus. Die Wirtschaftspolitik der osteuropäischen Staaten nahm durch die Initiierung »neuer ökonomischer Systeme« andere Züge an. Neben die Wirtschaftslenkung mittels des Planes trat die über den Markt. Der Osten bewies Reformfähigkeit. Die Mehrheit der »Ostexperten« unter den Ökonomen Westeuropas begann, sich in den sechziger Jahren zur Konvergenztheorie zu bekennen. Deren Verfechter, insbesondere der in Westeuropa führende Konvergenztheoretiker Jan Tinbergen von der Universität Rotterdam, gingen davon aus, dass entwickelte Industriegesellschaften unabhängig von den jeweiligen politischen Systemen in der Verfolgung ihrer ökonomischen Ziele bestimmten wirtschaftlichen und technischen Problemen und Sachzwängen ausgesetzt sind, deren Bewältigung in Ost und West ähnliche Lösungen erfordere und zu ähnlichen Entwicklungen, das Entwicklungstempo eingeschlossen, führen würde. Nach Tinbergen strebten sowohl die west- als auch die osteuropäischen Länder ein bestimmtes »Optimum der Wirtschaftsorganisation« an, das »eine Mischform von zentralisierten und dezentralisierten Entscheidungen« darstellt. Die Unterschiede zwischen beiden Wirtschaftssystemen schienen in dieser Hinsicht nur noch graduell zu sein, die Wachstumschancen der Volkswirtschaften im Osten und Westen ähnlich, ein Aufholen des Ostens war nach Auffassung der Konvergenztheoretiker keineswegs mehr auszuschließen. Die DDR-Reformer unter Ulbricht sahen in der Konvergenztheorie eine Bestätigung für ihre an den rasch verändernden Bedingungen der wissenschaftlich-technischen Revolution orientierten Einholpläne.

Ungeachtet dieser indirekten Unterstützung der Aufholpläne durch westliche Ökonomen und auch Politiker, gestaltete sich für die DDR-Reformer die Verwirklichung des ÖSS vom ersten Tag seiner Einführung an schwierig. Die von Ulbricht auf den Weg gebrachte »strukturkonkrete Planung« konzentrierte die ohnehin knappen Investitionsmittel auf Forschung und Technologie ausgewählter »Zukunftsindustrien«. So wurden vierzig Automatisierungsvorhaben zusätzlich zum Plan auf den Weg gebracht. Die selektive Förderpolitik bewirkte aufgrund materiell nicht abgesicherter – und somit nicht bilanzierter – Planergänzungen zugunsten der förderungswürdigen Branchen bald einen Entwicklungsrückstand bei den Zulieferbetrieben gegenüber den Finalproduzenten. Die außerplanmäßige Mittelkonzentration führte zur Vernachlässigung anderer Wirtschaftsbereiche wie der Energiebasis, der Infrastruktur und der konsumnahen Zweige. Versorgungsstörungen waren die Folge. Das Projekt »Überholen, ohne einzuholen« verlor innerhalb kurzer Zeit an Glanz.

Bereits im September 1970 beschloss das Politbüro am Generalsekretär vorbei Korrekturen des Wirtschaftsprogramms. Ulbrichts auf dem 14. Plenum des ZK der SED im Dezember 1970 unternommener Versuch, das ÖSS und damit die Wirtschaftsreform zu retten, scheiterte. Sein Auftreten konnte nicht mehr verhindern, dass sich die reformfeindliche Gruppierung im ZK der SED unter Führung von Erich Honecker durchsetzte. Eine Veröffentlichung von Ulbrichts Verteidigungsrede wurde verhindert. Am 21. Januar 1971 wandten sich zehn der vierzehn Mitglieder sowie drei der sechs Kandidaten des Politbüros unter Honeckers Federführung in einem Brief an Moskau. Der Führer der KPdSU, Leonid Breschnew, wurde gebeten, Ulbricht »unbedingt noch vor dem VIII. Parteitag der SED«, der im Frühjahr 1971 stattfinden würde, klarzumachen, dass er nicht länger an der Spitze der SED stehen dürfe. Am 3. Mai 1970 trat Ulbricht zurück. Offiziell entband ihn das ZK der SED wunschgemäß »aus Altersgründen« von der Funktion des Ersten Sekretärs und wählte Erich Honecker zum neuen Ersten Sekretär. Ulbricht blieb bis zu seinem Tod Mitte 1973 »Ehrenvorsitzender« der SED, ohne auf die Politik der SED weiter Einfluss nehmen zu können.

Das zweite und das dritte Aufholprogramm waren unmittelbar mit Etappen der Wirtschaftsreform verknüpft worden. Erste und zweite Etappe des NÖS sowie das ÖSS scheiterten mit dem Nichterreichen der Aufholziele. Nach Berechnungen des Kölner Zentrums für Historische Sozialforschung brachten die Wirtschaftsreformen, gemessen am Bruttoinlandsprodukt (BIP) pro Kopf, gegenüber dem bundesdeutschen Wirtschaftsleistungsniveau zwischen 1960 und 1965 keinen Fortschritt. Das ostdeutsche BIP pro Einwohner lag 1960 und 1965 bei 41 Prozent des westdeutschen. Zwischen 1965 und 1970 stieg die so gemessene Wirtschaftsleistung der DDR dagegen von 41 Prozent auf 45 Prozent der bundesdeutschen. Bezogen auf die Aufholziele von 1963 beziehungsweise 1968 ergab selbst dieser Fortschritt, gemessen an den ehrgeizigen Zielstellungen – und an denen mussten sich Ulbricht und die Reformer messen lassen –, ein völlig unzureichendes Ergebnis.

Auf den ersten Blick scheiterte die Wirtschaftsreform in der DDR am Widerstand ihrer Gegner im Politbüro und im ZK der SED, das heißt aus politischen Gründen. Die tiefer liegenden und schwerer erkennbaren Gründe für das Scheitern der Wirtschaftsreformen und damit auch von Ulbrichts späteren Aufholzielen waren jedoch ökonomischer Art: Für die Durchführung einer Wirtschaftsreform von Ausmaß und Intensität des NÖS und ÖSS waren ökonomische Reserven großen Umfangs notwendig. Über diese verfügte die DDR, ein rohstoffarmes Land, jedoch nicht in ausreichendem Maße. Die DDR-Reformer, vor allem Erich Apel, der 1962 Vorsitzender der Staatlichen Plankommission wurde, vertrauten darauf, dass die sowjetische Führung sich auch in den sechziger Jahren an ihre Zusage von 1957, die DDR mit den benötigten Rohstoffen zu versorgen, halten würde. Die Sowjetunion war jedoch Anfang der sechziger Jahre selbst in wirtschaftliche Schwierigkeiten geraten, die sie veranlassten, von der großzügigen Unterstützung der DDR im Rahmen der materiellen Absicherung des »Perspektivplans bis 1970« abzugehen. Apel, der sich energisch um zusätzliche sowjetische Lieferungen bemüht hatte, verzweifelte, als die benötigten sowjetischen Lieferungen verweigert wurden, und beging Ende 1965 Selbstmord. Der Wirtschaftsverantwortliche in der SED-Führung wurde sein enger Mitarbeiter Günter Mittag. Apels Nachfolger in der Plankommission war Gerhard Schürer. Spätestens bei der

Technologieförderung im ÖSS hatten sich die ökonomischen Reserven, über die die DDR verfügte, endgültig als nicht ausreichend erwiesen. Um den wissenschaftlich-technischen Fortschritt in ausgewählten Industriezweigen voranzubringen, mussten in den »übrigen« wirtschaftlichen Bereichen Investitionen, selbst für Erhaltungsmaßnahmen, reduziert werden. Es kam dort zu »Rhythmusstörungen«, zu Mängeln bei der Belieferung der Haushalte mit Strom und jenen »1000 kleinen Dingen«, die wichtig waren für die Versorgung der Familien mit Waren des täglichen Bedarfs. Der aufkommende Ärger darüber in der Bevölkerung ermutigte die Konservativen, gegen die Reformer vorzugehen. Sie versprachen der abwartenden Mehrheit im Politbüro, wieder zum »bilanzierten Plan« und einer kontinuierlichen und verbesserten Versorgung der Bevölkerung zurückzukehren. Honeckers geschicktem Vorgehen war es zu verdanken, dass »das Volk« bei der Auswechslung der Parteispitze und der Beendigung der 1963/64 noch von großen Teilen der Bevölkerung begrüßten Wirtschaftsreform stillhielt.

Die bei der Vorbereitung und Durchführung des wirtschaftspolitischen Umsturzes von Honecker und seinen Anhängern, zu denen sich auch Günter Mittag gesellen sollte, gesammelten Erfahrungen mit den Auswirkungen von Ulbrichts ehrgeiziger Einholplanung prägten dann die ersten Jahre der Ära Honecker, auch dessen Einstellung zur Frage des Aufholens der DDR gegenüber der BRD in der Wirtschaftsleistung.

2. Die ersten Honecker-Jahre – Abschied vom Aufholstress (1971–1975)

Nach der Wahl Erich Honeckers zum Ersten Sekretär des ZK der SED auf dem VIII. Parteitag der SED wurden die Versuche, Plan und Markt miteinander zu verbinden, um die Effizienz des Wirtschaftens zu steigern und in der Ökonomie hohe Zuwachsraten zu erreichen, aufgegeben. Die Zeit der, wie sich Honecker ausdrückte, »außerplanmäßigen Wunder«, die das ÖSS gekennzeichnet hatte, war vorbei. »Um das volkswirtschaftliche Wachstum und die Strukturpolitik in Übereinstimmung zu bringen«, hieß es nunmehr, »muss eine planmäßig proportionale Entwicklung der Volkswirtschaft gewährleistet werden.«

Die Gegenüberstellung von Aufkommen und Verwendung, die Bilanzierung, wurde von Honecker als die Hauptmethode der Planung, Bilanzen als das Gerüst des Planes bezeichnet. Dazu wurde die zentralistische Entscheidungs- und Kontrollstruktur, von der Ulbricht 1963 mit dem NÖS Abschied genommen hatte, erneut eingeführt. »Man hatte praktisch wieder«, wie sich Doris Cornelsen, die Leiterin der Abteilung »DDR und östliche Industrieländer« vom Deutschen Institut für Wirtschaftsforschung (DIW) in Westberlin ausdrückte, »Planwirtschaft in Reinkultur.«

Viele Planer in den Wirtschaftsministerien und Industriezweigleitungen atmeten auf. Der Reformstress, das ständige Experimentieren mit neuen Leitungsmethoden, war vorbei. Über Wirtschaftsreformen redete man einfach nicht mehr, genauso wenig wie über Strukturpolitik entsprechend den Erfordernissen der wissenschaftlich-technischen Revolution. Manch einer der Protagonisten des NÖS wurde degradiert. Ulbrichts Wirtschaftsberater,

Wolfgang Berger, wurde zu einem der Abteilungsleiter in der Staatlichen Zentralverwaltung für Statistik. Auch Günter Mittag, Sekretär für Wirtschaft, musste seine Führungsposition als Wirtschaftssekretär der SED aufgeben, durfte sich aber ab 1973 als stellvertretender Vorsitzender des Ministerrats betätigen.

Der Verabschiedung vom Reformstress der sechziger Jahre folgte die Verabschiedung vom Aufholstress. In welchem Verhältnis sich die DDR-Ökonomie zur Wirtschaft der Bundesrepublik entwickelte, galt nun nicht mehr als wichtig, die Bundesrepublik selbst nicht mehr als ein Land, zu dem man wegen der gemeinsamen deutschen Vergangenheit besondere Beziehungen anstrebte. Paul Verner, einer der engsten Vertrauten Honeckers in jener Zeit, begründete dies so: »Heute ist die Lage die: So eindeutig die DDR der sozialistische deutsche Nationalstaat ist, so eindeutig ist die BRD ein imperialistischer Staat. So wie es zwischen Sozialismus und Imperialismus als Gesellschaftsordnungen kein ›inneres Verhältnis‹ gibt, so kann es auch zwischen sozialistischen und imperialistischen Staaten kein ›inneres Verhältnis‹ geben. Das trifft in vollem Umfang auf das Verhältnis zwischen der DDR und der BRD zu. Alle Konstruktionen von einem ›innerdeutschen Sonderverhältnis‹ sind unrealistisch und gegenstandslos.« Der Schluss daraus: Für die DDR gab es keinen Zwang mehr, wirtschaftlich aufzuholen, um sich in der Ökonomie als der bessere deutsche Staat, als Prototyp des zukünftigen geeinten Deutschlands zu beweisen. Entsprechend diesem Verständnis wurde 1974 die Verfassung der DDR geändert, der Begriff »deutsche Nation« aus ihr gestrichen. Etliche Institutionen änderten dementsprechend ihren Namen. Aus dem »Deutschlandsender« wurde »Radio der DDR«, der »Deutsche Fernsehfunk« nannte sich fortan »Fernsehen der DDR« usw. usf.

Die »Abgrenzung zur BRD« war neben dem Verzicht auf die Wirtschaftsreform ein bedeutsames Moment der neuen Politik Honeckers. An die Stelle des wirtschaftlichen Wettbewerbs mit der BRD trat Honeckers Konzept der »Einheit von Wirtschafts- und Sozialpolitik«, das zur neuen »Hauptaufgabe« erhoben wurde. »Die Hauptaufgabe«, verkündigte Honecker 1971 auf dem VIII. Parteitag der SED, »besteht in der weiteren Erhöhung des materiellen und kulturellen Lebensniveaus des Volkes auf der Grundlage eines hohen Entwicklungstempos der sozialistischen Produktion und des Wachstums der Arbeitsproduktivität.« Das klang nicht viel anders als zu Ulbrichts Zeiten, wobei allerdings Produktion und Produktivität an erster Stelle genannt worden wären. Deutlicher zeigte sich der Unterschied zwischen Honecker und seinem Vorgänger an anderer Stelle seiner Ausführungen, wo es hieß: »Für unsere Gesellschaft ist die Wirtschaft Mittel zum Zweck, Mittel zur immer besseren Befriedigung des werktätigen Volkes.« Maßstab für die Anstrengungen zur Erhöhung der Wirtschaftsleistung der DDR war nicht mehr der bundesdeutsche Konkurrent, sondern waren die Konsumwünsche der DDR-Bevölkerung. Das bedeutete Abschied von Utopien und Hinwendung zum »kleinbürgerlichen« Konsumismus. Natürlich sah auch Honecker die wirtschaftspolitische Notwendigkeit, die Arbeitsproduktivität zu steigern. Das war auch bei der Formulierung seiner »Hauptaufgabe« berücksichtigt worden. Die neue SED-Führung glaubte aber, anders als die Anhänger Ulbrichts, daran, dass mehr Wohlstand von sich aus zu erhöhter Produktivität zufriedener Produzenten führen würde.

Unter den geänderten Umständen fand der Vergleich der Entwicklung der Wirtschaftsleistung in der DDR mit der BRD 1971–1975 deutlich weniger Interesse, als das im

Jahrfünft zuvor der Fall gewesen war. Das Aufholergebnis konnte sich ungeachtet dessen – verglichen mit dem vorangegangenen Jahrzehnt – sehen lassen. War die DDR-Wirtschaftsleistung bis 1970 auf 45 Prozent des bundesdeutschen Niveaus gestiegen, so erhöhte sie sich bis 1975 auf 50 Prozent. Honeckers Strategie – Verbesserung des Konsums zieht Erhöhung der Produktivität nach sich – schien sich zu bestätigen; wenigstens auf den ersten Blick. Bei genauerem Hinsehen war ein Teil der Leistungssteigerung darauf zurückzuführen, dass Industriekapazitäten, die in den ÖSS-Jahren, also noch vor 1971, errichtet worden waren, in der ersten Hälfte der siebziger Jahre zu produzieren begannen. Bis 1975 wirkte Ulbrichts Investitionspolitik also noch nach. Darüber hinaus hatte Honecker zwecks Steigerung des Konsums, vor allem um das Angebot an begehrten »Westwaren« zu erhöhen, kreditfinanzierte Importe von Konsumgütern aufgenommen. Die DDR begann, sich in stärkerem Maße gegenüber dem Westen zu verschulden. Bis 1975 stiegen die Verbindlichkeiten der DDR gegenüber dem »Nichtsozialistischen Wirtschaftsgebiet« (NSW) per Saldo von bescheidenen 2 Milliarden Valutamark unter Ulbricht auf 8,9 Milliarden Valutamark an.

Es gibt noch ein drittes Moment, das bei der Beurteilung des Aufholtempos zu berücksichtigen ist: In der ersten Hälfte der siebziger Jahre stieg in der Bundesrepublik das Bruttoinlandsprodukt je Einwohner deutlich langsamer als im Jahrfünft zuvor: nur noch um knapp 10 Prozent gegenüber 17 Prozent 1966–1970. Der Grund für die Verlangsamung des Wirtschaftswachstums war eine Wirtschaftskrise im Westen in den Jahren 1974/75, auch als erste Erdölkrise bekannt – die erste Wirtschaftskrise in der Nachkriegszeit, die alle westlichen Industriestaaten traf. Die negative Konjunkturentwicklung in den kapitalistischen Volkswirtschaften, mit der Ulbricht offensichtlich fest gerechnet hatte, als er 1958/59 sein Einholprogramm verkündete, war nunmehr eingetreten, wenn diese Krise auch keineswegs die Ausmaße der Weltwirtschaftskrise von 1929–1932 erreichte.

Eine Garantie dafür, dass es auch unter Honeckers neuer Wirtschaftspolitik beim langsamen, aber doch kontinuierlichen Aufholen in der Wirtschaftsleistung gegenüber der Bundesrepublik bleiben würde, waren die in der ersten Hälfte der siebziger Jahre erzielten Ergebnisse also nicht: Die zugunsten des Konsums beziehungsweise des Ausbaus der Konsumgüter herstellenden Industriezweige verringerten Investitionen in die Elektrotechnik/Elektronik und den Maschinenbau würden sich in der zweiten Hälfte der siebziger Jahre auswirken, die fortlaufende Verschuldung bei westlichen Banken musste irgendwann an Grenzen stoßen, und der Wirtschaftskrise würde im Westen wieder eine Konjunktur folgen.

Was an der Wirtschaftskrise von 1974/75 zunächst kaum einer erkannte, auch im Westen nicht, war, dass sie das Ende einer drei Jahrzehnte andauernden Hochkonjunkturperiode markierte. Die Absatzmärkte waren fortan härter umkämpft. Das musste auch die DDR treffen, die in den siebziger Jahren fast ein Viertel ihrer Exportgüter im NSW absetzte.

Dem Erdölpreisschock von 1973/74 folgte ein zweiter 1979/80. Die Erdölpreise stiegen von 1973 bis 1981 auf das Zehnfache, beträchtlich, wenn auch nicht im gleichen Maße, die Preise für andere Rohstoffe. Die DDR war ein rohstoffarmes Land, deren Terms of Trade sich im internationalen Warenaustausch deutlich verschlechterten. Um die gleiche Menge Rohstoffe zu importieren, musste eine immer größere Menge Fertigprodukte der verarbeitenden Industrie exportiert werden. Das alles habe, so im Novem-

ber 1999 Doris Cornelsen vom DIW in einer Diskussions-
runde zur DDR-Wirtschaftsentwicklung, seit Anfang der
siebziger Jahre »die Exporte der DDR behindert. Hinzu
kamen, auch in Westeuropa, Strukturprobleme. Stahlwerk
und Montageband, das waren industrielle Statussymbole
in Ost und West in den vierziger und fünfziger Jahren.
Dieses Denken war in Westeuropa Anfang der siebziger
Jahre am Ende. Wir hatten es mit einer völligen Veränderung des gesamtwirtschaftlichen Umfeldes zu tun.«

Für die von Doris Cornelsen geschilderte wirtschafts-
strukturelle Umwälzung hat man später Begriffe gefunden
wie: Übergang von der extensiven zur intensiven Produktion, vom Fordismus zum Postfordismus. Auch von
mikroelektronischer Revolution war die Rede, später vom
Beginn des digitalen Zeitalters. In den sozialistischen Ländern hieß es »Ausrichtung der Industrie auf die Erforder-
nisse der wissenschaftlich-technischen Revolution«. Unter
Ulbricht hatte die DDR versucht, sich darauf einzustellen.

Honecker, in den sechziger Jahren verantwortlich für
Sicherheits- und Kaderfragen und an Ökonomie und
Technik wenig interessiert, nahm diese Entwicklungen
nicht zur Kenntnis. Er hielt die praktischen Auswirkungen
der wissenschaftlich-technischen Revolution für ein Problem der ferneren Zukunft. Nachdem es ihm gelungen
war, Ulbricht abzulösen und die Wirtschaftsreformen ab-
zubrechen, war er bestrebt, seiner Auffassung mit Hilfe der
von der SED-Führung kontrollierten Medien allgemeine
Akzeptanz zu verschaffen. In der wichtigsten Pressepubli-
kation der DDR, der Zeitung *Neues Deutschland*, ließ
Honecker den prominenten, international geachteten
Wissenschaftler Jürgen Kuczynski einen fast seitenlangen
Beitrag veröffentlichen, in dem der unter anderem erklärte: »Wir erleben erst die allerersten Anfänge der wissenschaftlich-technischen Revolution in der Produktion. Es

wäre aber illusionär zu glauben, dass sie bereits heute das Profil, die Struktur der Wirtschaft bestimmt oder bestimmen könne – nirgendwo in der Welt.« Selektive Technikförderung, wie sie Ulbricht in seinen letzten Regierungsjahren verfolgt habe, sei daher »kein Programm für den nächsten Fünfjahrplan«. Einem der Kontrahenten dieser Auffassung, dem Wirtschaftsprofessor Harry Nick, wurde zehn Tage später gestattet, seine Auffassung zum Thema wissenschaftlich-technische Revolution in derselben Zeitung zu veröffentlichen – allerdings in einem weitaus bescheidener platzierten Beitrag. Nick warnte: »Wer die wissenschaftlich-technische Revolution in weite Ferne rückt, öffnet der Selbstzufriedenheit Tür und Tor. Und es ist illusionär anzunehmen, dass die kapitalistische Welt wohl kaum über die ersten Anfänge der wissenschaftlich-technischen Revolution hinauskommen werde.«

Kaum noch beachtet wurde, dass im Westen inzwischen eine neue Steuerungsgeneration für numerische Werkzeugmaschinen entwickelt worden war: Kombiniert mit der Einführung des Mikroprozessors wurden ab 1971 die CNC-Technik für Hersteller und Exporteure von Werkzeugmaschinen zum »Auslöser einer weitreichenden Umwälzung«, wie Fachwissenschaftler konstatierten. Anders als in den sechziger Jahren fanden diese in der Bundesrepublik und anderen westlichen Industrieländern sich vollziehenden Entwicklungen in der DDR keinen Widerhall. Zwar wurden die in den sechziger Jahren entwickelten NC-Steuerungen weiterhin hergestellt, ihre Produktion auch ausgeweitet, aber die neuesten Entwicklungen im Bereich numerischer Steuerungen wenig beachtet. Mitte der siebziger Jahre wurde in der DDR der eingetretene Rückstand beim Export von Werkzeugmaschinen offensichtlich. Das nicht mehr den modernsten Erfordernissen entsprechende Niveau der Steuerungen führte zu

Exporteinbrüchen und zwang zu Billigverkäufen der in den konventionellen Herstellungsgängen weiterhin mit gewohnter hoher Qualität und Genauigkeit gefertigten Werkzeugmaschinen aus der DDR.

Die noch relativ gute Performance der DDR-Industrie gegenüber der bundesdeutschen, das wurde schlagartig deutlich, würde unter den Bedingungen der »Einheit von Wirtschafts- und Sozialpolitik«, die sich auf ökonomischem Gebiet die vorrangige Entwicklung der Konsumgüterindustrien zum Ziel gesetzt hatte, schon aus Gründen des nachlassenden Devisenerwerbs bei Exporten ins NSW und der Absicht, den bisherigen Umfang der Warenimporte aus dem Westen im nächsten Jahrfünft aufrechtzuerhalten, nicht wie bisher fortgesetzt werden können.

3. Honeckers halbe Kurskorrektur von 1976 – Aufs Aufholen kann nicht verzichtet werden

Als im Spätherbst 1974 die westlichen Industriestaaten in eine durch den (ersten) Erdölpreisschock ausgelöste Wirtschaftskrise gerieten, hatte die DDR-Führung noch gemeint, davon nicht oder kaum betroffen zu werden. Schließlich bezog man das benötigte Erdöl aus der Sowjetunion ebenso wie die meisten Rohstoffe – und zwar zu festen, jeweils für eine Fünfjahrplanperiode geltenden Preisen. Die Vorstellung, von der Krise verschont zu bleiben, zerstob jedoch rasch. Nicht nur, dass fast ein Viertel des DDR-Außenhandels mit dem NSW abgewickelt wurde und man für diesen Bereich vom Krisengeschehen unmittelbar betroffen war. 1975 erhöhte auch die Sowjetunion, sich nunmehr stärker an den Weltmarktpreisen orientierend, ihre Exportpreise für Rohöl – allerdings mit einem gleitenden Durchschnitt, also nicht so plötzlich und stark wie auf dem Weltmarkt. Für die DDR verschlechterten sich aber auch so die Terms of Trade, nicht nur für den Westhandel, sondern im gesamten Außenhandel. Erdöl, Metalle usw. wurden nun für die DDR generell teurer, ihre Industrieprodukte, mit denen sie die Einfuhr dieser Rohstoffe bezahlte, dagegen nicht. Die Bilanz des Warenhandels mit der Sowjetunion und mit den anderen »befreundeten Staaten« war in der zweiten Hälfte der siebziger Jahre unausgeglichen. Die Handelsbilanz gegenüber dem NSW, schon in den Jahren zuvor nicht ganz bilanziert, wurde eindeutig negativ. 1975 lag das Negativsaldo bei 2,8 Milliarden DM, 1979 bei 3,9 Milliarden DM. Die Gesamtverschuldung der DDR gegenüber dem Westen verdoppelte sich zwischen 1975 und 1977.

1976 verstand Erich Honecker endlich, dass die Entwicklung auf den Außenmärkten seine teilweise auf Pump finanzierte »Einheit von Wirtschafts- und Sozialpolitik« gefährdete. Er musste begreifen, dass die Wirtschaftsprobleme sehr viel komplizierter und ernster waren, als er angenommen hatte, und in der DDR-Wirtschaft sich einiges ändern müsse, wenn die »Hauptaufgabe« fortgesetzt werden sollte. Und er erkannte auch, dass der von ihm anstelle Günter Mittags ernannte und ihm ergebene Wirtschaftssekretär der SED, Werner Krolikowski, voll überfordert war. Honecker konnte sich nur einen hohen Funktionär vorstellen, der das Zeug hätte, mit der veränderten Wirtschaftssituation für die DDR fertigzuwerden – Günter Mittag.

Der wurde trotz der Vorbehalte von anderen Politbüromitgliedern, wie des Erzkonservativen Paul Verner, 1976 anstelle Krolikowskis erneut zum Sekretär des ZK der SED für Wirtschaft berufen und damit auch Leiter der Wirtschaftskommission beim Politbüro. Zugleich wurde Günter Mittag Vorsitzender der »Arbeitsgruppe Bundesrepublik Deutschland« und Leiter der »Arbeitsgruppe Zahlungsbilanz« beim Politbüro. »Die ›Mittagspause‹«, hieß es in Funktionskreisen, »sei nunmehr beendet.« Mittag war von nun ab ein enger Vertrauter Honeckers auf wirtschaftspolitischem Gebiet, so wie er es zwischen Ende 1965 und Ende 1970 bereits für Ulbricht gewesen war. »Günter Mittag«, bemerkte Claus Krömke, der knapp drei Jahrzehnte dessen persönlicher Referent war, »hat die jeweiligen Aufgabenstellungen, sofern er sie als die Intentionen des jeweiligen Generalsekretärs deutete, stets rigoros, ohne mit der Wimper zu zucken, durchgesetzt. Er spielte auch nicht den Beleidigten, wenn er mit eigenen Konzeptionen nicht durchkam und das Gegenteil machen musste. Vor allem gegenüber Dritten hat er nie Differenzen zum Generalsekretär durchblicken lassen.« Somit besaß Mittag die charakterlichen Voraussetzungen, nun auch unter Honecker zu dienen und zu herrschen. Warum er mit dem neuen Generalsekretär auskam, beurteilte Mittag selbst in seinen Memoiren rückblickend so: »Honecker hat sich niemals abrupt und völlig ablehnend gegen moderne Formen der Leitung zur Rationalisierung, zu einer höheren Effektivität der Arbeit in der Industrie und der Volkswirtschaft gewandt. Aber dahinter stand nicht immer das bedingungslose Engagement und die rückhaltlose Unterstützung des Neuen.«

Erich Honecker hatte angesichts der Mitte der siebziger Jahre akut gewordenen Außenhandelsprobleme der DDR nichts dagegen, dass das Politbüro die wissenschaftlich-technische Revolution wiederentdeckte und sich – gewissermaßen auf Ulbrichts Spuren – erneut der Mikroelektronik zuwandte.

Diese Entscheidung bedeutete nicht die Rückkehr zur Ulbrichtschen Strategie des »Überholens, ohne einzuholen«. Die nunmehr wieder angepackte High-Tech-Förderung entsprang sechs Jahre nach dem Verzicht auf jene ganz eindeutig dem Zwang, nachholen zu müssen, um sich behaupten zu können. Honecker proklamierte nicht erneut das Einholen der Bundesrepublik als ökonomisches Ziel, wohl aber verkündete er nunmehr, alles zu tun, um der DDR weiterhin »einen Platz unter den zehn größten Industrienationen« zu sichern. Die DDR, die zehntgrößte Industrienation der Welt – das zu wiederholen, wurde Honecker nicht müde. Heute wird diese Einordnung der DDR-Industrie in der bundesdeutschen Geschichtsschreibung gern dem Größenwahn des SED-Sekretärs zugeschrieben, ebenso wie auch Ulbrichts »Überholen, ohne einzuholen«. Doch die Platzzuschreibung stammte nicht von Honecker oder Mittag, sondern von der Weltbank. Doris Cornelsen vom DIW nahm dazu auf einer Podiumsdiskussion im November 1999 Stellung: »Die Weltbank hat in ihrem Weltbankatlas immer Vergleiche gemacht. Dort kam die DDR auf den 10. Platz. Das wurde jahrelang publiziert. Dann wurde der Weltbank gesagt: Das könnt ihr nicht so weitermachen. Daraufhin forderte die Weltbank Gutachten zu dieser Frage an. Wie man erwarten konnte, haben die Gutachter den Kritikern Recht gegeben. Doch die früheren Angaben zum Platz der DDR sind lebendig geblieben.« Vor allem dank Honecker, möchte man hinzufügen, der nicht müde wurde, darauf hinzuweisen, dass die DDR unter anderem in der Lage sei, auf sich gestellt die Entwicklung der Mikroelektronik voranzutreiben.

Allerdings fand der neuerliche bescheidener formulierte Aufholversuch ab Mitte der siebziger Jahre unter deutlich ungünstigeren internationalen Bedingungen statt als der Ulbrichtsche ein knappes Jahrzehnt zuvor. Der Kalte Krieg, dessen Intensität in der zweiten Hälfte der sechziger und der ersten Hälfte der siebziger Jahre zurückgegangen war, verschärfte sich erneut und damit auch der Wirtschaftskrieg. Die neuen High-Tech-Errungenschaften des Westens wurden Gegenstand von Embargomaßnahmen. Die Aufwendungen zur Entwicklung der Mikroelektronik in der DDR waren weit größer, als zunächst vorgesehen, da das von den USA wieder strenger gehandhabte Co-Com-Embargo den Aufkauf der Lizenzen von führenden Westfirmen wie Siemens oder Toshiba verbot und die einschlägigen sowjetischen Forschungsinstitutionen, dort zum militärisch-industriellen Komplex gehörig, aus Gründen der Geheimhaltung nicht mit der DDR, einem Land, wo es nach sowjetischen Erkenntnissen »von Westspionen nur so wimmelte«, kooperieren durften. Der DDR blieb nichts übrig, als die Mikroelektronik in weit größerem

Maßstabe, als ursprünglich vorgesehen, selbst zu entwickeln, was die Kosten hochschnellen ließ. Parallel dazu verschlechterten sich die Terms of Trade nach dem sogenannten zweiten Erdölpreisschock mit anschließender Wirtschaftskrise 1980/81 weiter. 1981 waren die Erdölpreise gegenüber dem letzten Jahr vor dem ersten Erdölpreisschock auf das Zehnfache gestiegen. Auch die Preise von anderen Industrierohstoffen stiegen weiter an, wenn auch nicht im gleichen Umfang wie das beim Öl der Fall war. Das Aufholen gegenüber der BRD wurde noch schwieriger. Zwischen 1985 und 1989 gelang es überhaupt nicht mehr.

Dafür, dass Erich Honecker Günter Mittag in Ökonomie und Technik freie Hand ließ, verhielt der sich loyal und stellte dessen »Hauptaufgabe« nicht in Frage, betonte aber in seinen Reden auch deren von der Mehrzahl der Politbüromitglieder gern vergessene Seite, die besagte, »dass nur verbraucht werden kann, was vorher erarbeitet wurde«. Diese Forderung zu erfüllen, bereitete zunehmend Schwierigkeiten. Für die »Hauptaufgabe« mussten nicht nur gewaltige Summen in den Wohnungsbau gesteckt, sondern auch die Verbraucherpreise stabil gehalten werden, selbst für aus dem NSW zu beziehende landwirtschaftliche Produkte wie Bananen, Apfelsinen oder Rohkaffee, deren Aufkaufpreise zusammen mit anderen Rohstoffpreisen stark angestiegen waren.

Honeckers Ablehnung von angemessenen Preissteigerungen für diese Erzeugnisse auf dem Binnenmarkt ergab sich nicht nur aus seiner Überzeugung, dass die Weiterführung der durch Sparmaßnahmen bedrohten »Einheit von Wirtschafts- und Sozialpolitik« sich letztendlich lohnen würde, sondern resultierte auch aus einigen Experimenten mit Preisanstiegen, die er den besorgten ehemaligen NÖS-Reformern zugestanden hatte und die den Unwillen der Bevölkerung hervorgerufen hatten.

Prägend war die Erfahrung mit »Kaffee Mix«. Ausgangspunkt waren die Preissteigerungen für den nur mit Devisen zu beschaffenden Ausgangsstoff: Kaffeebohnen. Um den Kaffeedurst der DDR-Bürger zu stillen, mussten 1972 150 Millionen VM aufgewendet werden, 1977 waren es 670 Millionen. Die Experten schlugen vor, nur noch eine Sorte »echten Kaffee« (Marke »Rondo«) zu einem erhöhten Preis (120 Mark pro Kilo) zu verkaufen und daneben »Mischkaffee« einzuführen, der nur zur Hälfte noch aus Kaffeebohnen, zur anderen Hälfte aus devisenfrei zu beschaffenden Surrogaten wie Zichorie, Rübenschnitzel und Getreide bestand. Die Kaffeetrinker reagierten in Tausenden von Eingaben empört. Der »Kaffee Mix« wurde daraufhin zugunsten der geschätzten Marken »Rondo«, »Mona« und »Kosta« wieder aus dem Verkehr gezogen.

Die Haltung der Bevölkerung war nachvollziehbar. Schließlich hatte die SED-Führung in ihren Verlautbarungen zwar hin und wieder darauf hingewiesen, dass die Rohstoffpreise gestiegen und der Wettbewerb auf dem Weltmarkt schwieriger geworden war, aber über das Ausmaß der Verschuldung der DDR wurde hartnäckig geschwiegen. Die Bevölkerung konnte in den preispolitischen Experimenten nur eine Verletzung der weiterhin geltenden »Hauptaufgabe« sehen.

Über das tatsächliche Maß der Auslandsverschuldung der DDR wusste nur die 1976 geschaffene, wenige Mitglieder zählende »Arbeitsgruppe Zahlungsbilanz« beim Ministerrat unter Leitung von Günter Mittag Bescheid. Sie tagte wöchentlich und disponierte den Eingang und die Verwendung der Devisen für die jeweils kommende Woche so, dass die Zahlungsfähigkeit der DDR nicht gefährdet war. Das heimliche Agieren sollte eigentlich die Bonität der DDR im Westen sichern, hatte aber auch schwerwiegende Folgen nach innen: Es verhinderte nicht nur die Aufklärung der Öffentlichkeit über die brisante Wirtschaftslage, sondern verringerte auch die Fähigkeit der DDR-Gesellschaft, Probleme zur Kenntnis zu nehmen, aus unterschiedlichen Auffassungen resultierende Konflikte auszutragen und Gegenvorschläge zu entwickeln.

Die heftigen Reaktionen der Bevölkerung auf preispolitische Experimente, aber auch die besorgniserregende Entwicklung im Nachbarland Polen, wo ab 1976 angesichts steigender Preise und Lebenshaltungskosten immer wieder Proteste aufflammten, bestärkten Honecker und die Mehrheit der mit der Ökonomie kaum vertrauten Politbüromitglieder darin, von Preiserhöhungen für Konsumgüter Abstand zu nehmen. Bezahlt wurde diese Politik des »Weiter so« durch zusätzliche Kreditaufnahmen, die angesichts der weltweit rapide steigenden Zinsen – sie erhöhten sich zwischen 1977 und 1981 von 5,6 Prozent auf 13,9 Prozent – und der dadurch erschwerten Tilgungsmöglichkeiten immer riskanter wurden. Zwischen 1977 und 1980 stieg die Nettoverschuldung der DDR gegenüber dem westlichen Ausland (NSW) von 16,5 Milliarden DM auf 23,6 Milliarden DM, also um fast die Hälfte.

Mit dem Borgen gelang es in der zweiten Hälfte der siebziger Jahre das seitens der SED-Führung als angemessen betrachtete Wirtschaftswachstum von vier Prozent pro Jahr aufrechtzuerhalten. Das Bruttoinlandsprodukt je Kopf stieg etwa gleich schnell. Die jährlichen Zuwachsraten des BIP lagen nur unwesentlich unter denen in der ersten Hälfte der siebziger Jahre erreichten. Da aber die bundesdeutsche Wirtschaft nach Überwindung der Wirtschaftskrise wieder Fuß gefasst hatte, war das Aufholtempo der DDR 1976–1980 gegenüber der BRD in der Wirtschaftsleistung im Vergleich zur Periode 1971–1975 gering. Es näherte sich dem BIP der Bundesrepublik innerhalb von fünf Jahren nur um ein Prozentpunkt weiter an, verglichen mit fünf in der ersten Hälfte der siebziger Jahre. Das war – auch wenn Honecker nicht das Aufholen gegenüber der Bundesrepublik, sondern die Sicherung des Platzes unter den zehn größten Industrienationen im Blick hatte – enttäuschend, insbesondere wenn die SED-Führung an die Zukunft dachte.

Die Aussicht, dass die DDR im nächsten Fünfjahrplan (1981–1985) so weitermachen könnte wie bisher, war äußerst gering, aber niemand in der Bevölkerung ahnte das, und nur wenige Spitzenpolitiker im Bereich der Wirtschaft, wie der Vorsitzende der Staatlichen Plankommission Gerhard Schürer und natürlich Günter Mittag, waren über die ökonomische Situation wirklich informiert.

Diesen Politikern war klar: Die DDR-Wirtschaft kann im Vergleich zu früher in den achtziger Jahren nur unter erschwerten Bedingungen arbeiten: Material und Energie sind knapper, die Produktionsanlagen in der Mehrzahl der Industriezweige veralten zunehmend, da auf deren Erneuerung beziehungsweise Modernisierung zugunsten der Mikroelektronik, des Ausbaus der für den Westexport wichtigen Anlagen und der Fortsetzung des Wohnungsbauprogramms verzichtet werden musste.

4. Letztlich erfolglos verlaufendes Bemühen, weiter aufzuholen – Die achtziger Jahre

Im April 1981 hielt die SED ihren X. Parteitag ab. Auf ihm wurde turnusgemäß die Direktive für den Fünfjahrplan (1981–1985) verabschiedet. In seiner Rede zur Begründung des Planes beschwor Ministerpräsident Willi Stoph erneut die auf dem VIII. Parteitag 1971 beschlossene »Hauptaufgabe«. Günter Mittag, der die Kommission geleitet hatte, die die Parteitagsdirektive ausarbeitete, kam in seiner Rede dagegen gleich zur Sache: »Die Veränderungen auf den internationalen Märkten« hätten auch in der DDR zu einer »Veränderung in den Reproduktionsbedingungen« geführt. »Sie bestehen insbesondere in der Preisentwicklung für Energieträger, Rohstoffe und Materialien sowie in den zunehmenden Aufwendungen für die Entwicklung einer einheimischen Rohstoffbasis.« Deshalb müssten »die volkswirtschaftlichen Endergebnisse schneller wachsen als der Produktionsverbrauch und die Investitionen«. Der Hauptweg, dies zu erreichen, sei »auch weiterhin und mit zunehmendem Gewicht die Intensivierung«. Sie mache »die Entwicklung und Anwendung neuer Wirkprinzipien, effektiver Technologien und Verfahren« notwendig. Diese »wissenschaftlich-technischen Spitzenleistungen« seien »in volkswirtschaftlicher Breite anzuwenden«. Im Zentrum stehe dabei die beschleunigte Entwicklung und Anwendung der Mikroelektronik. Vieles, was Mittag vortrug, erinnerte an Ulbrichts Pläne für die Gestaltung des Fünfjahrplanes 1971–1975, der unter der Losung »Überholen, ohne einzuholen« gestanden hatte. Nur dass es zehn Jahre später mehr um »nicht abgehängt werden« ging. Wer zwischen den Zeilen lesen konnte, der ahnte, welche Kräfte selbst dies erfordern würde. Etwa wenn Mittag davon sprach, dass »die konsequente Verwirklichung der Intensivierung als eine solche wirtschaftsstrategische Aufgabe ersten Ranges verstanden und gelöst werden müsse, wie sie die Schaffung der sozialistischen Planwirtschaft selbst darstellt«. Klar formuliert hat der Wirtschaftssekretär des ZK das, was er damals damit meinte, erst 1991 seinen Memoiren anvertraut: »Es wurde versucht, wenigstens auf ausgewählten Gebieten den Anschluss an das internationale Niveau zu halten, zumindest aber die Abstände nicht noch größer werden zu lassen.« Günter Mittag wusste, dass die DDR diese Politik nicht allein würde betreiben können. Chancen für die DDR, an der internationalen wissenschaftlich-technischen Entwicklung »dranzubleiben«, sah er nicht mehr in der vertieften Zusammenarbeit mit der UdSSR, sondern in der Kooperation mit der Bundesrepublik.

Die KPdSU-Führung hatte Mittag wie auch Honecker zunehmend enttäuscht. Da war nicht nur die verweigerte Kooperation auf dem Gebiet der Mikroelektronik. Die UdSSR drosselte auch ihre Erdölexporte in die Länder der »sozialistischen Staatengemeinschaft«, um davon mehr auf dem Weltmarkt anbieten zu können. Die DDR erhielt seit 1981 statt der vereinbarten 19 nur noch 17,1 Millionen Tonnen Erdöl jährlich. Das traf die DDR-Wirtschaft, die auf den Verbrauch der Mengen eingestellt war, empfindlich. Trotz der gleitenden Preiserhöhungen war das sowjetische Erdöl aber noch billiger als das auf dem Weltmarkt angebotene, mit dem die DDR die ausbleibenden Mengen ersetzen musste. Der zweite Erdölpreisschock hatte die Weltmarktpreise ab 1979 noch einmal hochschnellen lassen.

Obwohl 1985–1989 die DDR noch etwa die Hälfte des Außenhandels mit der Sowjetunion und den übrigen osteuropäischen RGW-Ländern abwickelte, hatten für die

DDR der Warenaustausch mit dem Westen und besonders der »innerdeutsche Handel« seit Beginn der siebziger Jahre zunehmend an Bedeutung gewonnen. Zur wirtschaftlichen Annäherung beider deutscher Staaten trat zu Beginn der achtziger Jahre die politische. Bundeskanzler Schmidt besuchte im Dezember 1981 die DDR und sprach gegenüber Honecker eine Gegeneinladung aus. Entgegen ursprünglichen Befürchtungen seitens der DDR-Führung setzte Schmidts Nachfolger im Kanzleramt, Helmut Kohl, nach 1982 die Annäherungspolitik fort und erhielt die Einladung an den Staatsratsvorsitzenden der DDR aufrecht. Beide Staatsmänner verband zunehmend die Sorge, dass Deutschland als Stationierungsort der amerikanischen Pershing II und der sowjetischen SS-20 zum Opfer des neuerlichen Wettrüstens zwischen USA und UdSSR werden könnte. Die SED propagierte eine »Koalition der Vernunft«. Der Westen sprach von »Verantwortungsgemeinschaft«. Wohlwollend nahm die Bundesregierung zur Kenntnis, dass sich Honecker im November 1983 indirekt von der sowjetischen Führung distanzierte, als er vor dem ZK der SED erklärte, die Vorbereitungen zur Stationierung der SS-20 lösten in der DDR »keinen Jubel« aus.

Vor allem auf wirtschaftlichem Gebiet war man in der Bundesrepublik an einer engeren Zusammenarbeit mit der DDR interessiert. Dabei ging es den westdeutschen Unternehmen nach der durch den zweiten Erdölschock ausgelösten Krise, die die Wirtschaft der Bundesrepublik 1980–1982 hatte stagnieren lassen, natürlich vor allem um die Gewinnung zusätzlicher Märkte über den innerdeutschen Handel, aber auch um die Aufnahme von Beziehungen zwischen den deutschen Unternehmen in beiden Teilen Deutschlands auf längere Sicht, um Kooperationsprojekte wie Lohnveredlung, Auftragsfertigung, gegenseitige Zulieferungen, um Vertriebsregelungen sowie

Lizenz- und Gestattungsproduktion. Eine Ende 1987 vorgenommene Umfrage des DIW unter mit Betrieben der DDR kooperierenden Unternehmen in Westdeutschland ergab für die befragten kleinen und mittleren Unternehmen als häufigste Motive die Nutzung freier Kapazitäten beim Partner, die Nutzung des Forschungs- und Entwicklungspotentials der ostdeutschen Betriebe und die Verbesserung des Marktzugangs in andere RGW-Länder mit Hilfe des Kooperationspartners DDR. Für die befragten Großbetriebe war vor allem die Verbesserung des Marktzugangs in andere RGW-Länder von Bedeutung, aber auch die Auslastung der eigenen freien Kapazitäten.

Bis 1988 war die Zahl der Kooperationsprojekte auf etwas über 1000 gestiegen, davon circa 800 im Bereich der Konsumgüterindustrie. So wurden in volkseigenen Betrieben Salamanderschuhe und Niveacreme produziert. Die Anzahl der westdeutschen Kooperationsverträge mit allen anderen osteuropäischen Volkswirtschaften zusammen belief sich nur auf 61 Prozent der deutsch-deutschen Verträge. Als Gründe für die Spitzenstellung der DDR wurden von den kooperierenden westdeutschen Firmen neben der gemeinsamen Sprache und räumlicher Nähe immer wieder drei Gründe genannt: erstens »qualifizierte Facharbeiterschaft, gut ausgebildetes Personal«, zweitens das im »RGW-Vergleich hohe technologische Niveau und der Stand der wissenschaftlich-technischen Forschung«, drittens »Zuverlässigkeit, Vertragstreue« usw. Von 1980 bis 1988 wuchs der Umsatz im Warenverkehr zwischen der DDR und der Bundesrepublik (real) von 10,9 Milliarden DM auf über 14 Milliarden DM an.

Für den »innerdeutschen Warenverkehr« gab es spezielle Finanzierungsregelungen, die die DDR begünstigten. Dazu gehörte der sogenannte Swing. Er entwickelte sich zu einem zinslosen Dauerkredit für die DDR. Der Swing, der innerdeutsche Handel überhaupt, war angesichts der zunehmenden Devisenverschuldung für die DDR von Vorteil, verglichen mit dem übrigen Handel mit dem NSW.

Um die aus dem Überschuss der Einfuhr gegenüber den Exporten herrührenden Verbindlichkeiten zu begleichen, musste die DDR auf dem privaten Finanzmarkt Kredite aufnehmen – zu hohen Zinsen. 15 Prozent betrugen sie schließlich im Durchschnitt. Als einige sozialistische Länder – Polen und Ungarn – Zahlungsschwierigkeiten signalisierten, geriet auch die DDR in Verdacht, demnächst zahlungsunfähig zu werden. Um diesen Ruf loszuwerden, bedurfte es der Hilfe der Bundesrepublik. Die bekannteste der eingefädelten Hilfsmaßnahmen ist der sogenannte Straußsche Milliardenkredit. Die prekäre Finanzlage der DDR fand durch einen 1983 vom bayerischen Ministerpräsidenten Franz Josef Strauß dem Chef der »Kommerziellen Koordinierung« (KoKo), Alexander Schalck-Golodkowski, einem mit Sonderrechten ausgestatteten Außenwirtschaftsunternehmen der DDR, offerierten 1-Milliarde-DM-Kredit für die DDR ein Ende. Der Betrag wurde von einem bundesdeutschen Bankenkonsortium aufgebracht. Der gleiche Vorgang wiederholte sich 1984. Die schlagzeilenträchtigen »Milliardenkredite« signalisierten der internationalen Finanzwelt die Kreditwürdigkeit der DDR. Wenig später ging dann auch die für die DDR ungünstige Hochzinspolitik zu Ende. Die DDR erhielt wieder Kredite mit fünfjähriger Laufzeit ohne Warenbindung.

Die SED-Führung wusste jedoch, dass mit der Vermeidung der Zahlungsunfähigkeit das Schuldenproblem keineswegs gelöst war. Die Idee zum wirksamen Abbau der Verbindlichkeiten kam vom »Büro Mittag« und hieß »Heizölablösung«. In der DDR war bis dahin das über die

Leitung »Freundschaft« aus der UdSSR bezogene Erdöl in den petrolchemischen Werken in Schwedt und Leuna überwiegend zu Heizöl verarbeitet worden. Nunmehr wurden Anlagen geschaffen, um das Erdöl »tiefer zu spalten«. In Schwedt wurden zwischen 1980 und 1982 durch die Inbetriebnahme von Konversionskapazitäten zur Weiterverarbeitung von Heizöl und den Aufbau von Produktionsstätten zur Erzeugung von Aromaten der Umfang der Anlagen verdoppelt, in Leuna die modernste Raffinerie der DDR gebaut. Während zwischen 1980 und 1986 die Heizölproduktion um mehr als die Hälfte sank, verdoppelte sich der Ausstoß an veredelten petrolchemischen Erzeugnissen. Diese Produkte wurde die DDR – anders als die Produkte ihres Maschinenbaus –, bedingt durch den hohen Preis, den Erdölprodukte damals erzielten, auf dem Weltmarkt mit beträchtlichem Gewinn los. Das »Derivategeschäft«, kombiniert mit einem allen anderen Wirtschaftszweigen diktierten Ersatz von Importen durch Eigenentwicklungen, gestaltete den Außenhandelssaldo der DDR gegenüber dem NSW nach mehr als einem Jahrzehnt wieder positiv. Devisenüberschüsse verzeichnete man – mit Ausnahme eines geringen Defizits 1983 – im gesamten Fünfjahrplanzeitraum 1981–1985. Das erlaubte Kreditrückzahlungen, ohne neue Schulden aufnehmen zu müssen. Zwischen 1980 und 1985 sanken die Verbindlichkeiten der DDR gegenüber dem Westen netto von 23,1 auf 15,5 Milliarden DM. »Es war wirklich bemerkenswert, wie diese Planwirtschaft es geschafft hat, das Defizit im Westhandel zu senken und sogar in einen Überschuss zu verwandeln sowie eine Schuldenkrise zu verhindern«, kommentierte Doris Cornelsen vom DIW 1999 rückblickend diese Entwicklung.

Die für die DDR positive Außenwirtschaftsentwicklung fand im Dezember 1985 ihr jähes Ende. Der Preis für

Rohöl auf dem Weltmarkt sank zur Jahreswende 1985 zu 1986 von 35 Dollar je Barrel auf 10–14 Dollar. Der »umgekehrte Erdölpreisschock« traf die DDR schwer. Im »Derivategeschäft« sanken die Deviseneinnahmen auf die Hälfte. Zeitlich parallel zum Ende des mittelfristigen Projekts zur Finanzsanierung verminderten sich die Aussichten auf eine langfristige Sanierung, die an das Mikroelektronikprogramm geknüpft waren. Die durch Embargo und sowjetische Abschottungsmaßnahmen erzwungene Nachentwicklung westlicher Musterstücke, die durch den Auslandsgeheimdienst der DDR – die Hauptverwaltung Aufklärung (HVA) – beziehungsweise von KoKo beschafft worden waren, verfehlte trotz Investitionsaufwendungen in Höhe von 14 Milliarden Mark der DDR und 4 Milliarden DM ihr Ziel, den Exportzweig Maschinenbau zu modernisieren. Der Entwicklungsvorsprung des Westens blieb.

Nach dem Wegfall beider Gegenstrategien konnte die DDR kein neues tragfähiges Entschuldungskonzept mehr entwickeln. Was ihr blieb, war der »Westexport um jeden Preis«. Das konnte den Abnehmern nicht verborgen bleiben, und sie nutzten ihre Position, um die Preise zu drücken. Um 1 DM zu erwirtschaften, musste die DDR 1985 Erzeugnisse im Wert von 3,64 Mark aufwenden, 1988 waren es 4,06 und 1989 4,40 Mark. Schulden ließen sich auf diese Weise nicht weiter abbauen. Bis 1988 gelang es der DDR, gemäß von der Deutschen Bundesbank in den 1990er Jahren durchgeführten Untersuchungen, noch die Verschuldung unter 17 Milliarden DM zu halten. 1989 lagen ihre Schulden gegenüber dem NSW nur noch knapp unter 20 Milliarden DM, allerdings noch 5 Milliarden DM unter dem Wert von 1982.

Die Ausfuhr zu Schleuderpreisen ging auf Kosten der Erneuerungsinvestitionen in den nicht exportierenden

Industrien und der Infrastruktur. Der Mehrzahl dieser Zweige wurden selbst die Ersatzinvestitionen verweigert. Das Ergebnis war eine im internationalen Vergleich viel zu niedrige Aussonderungsrate von 1,1 Prozent, was rechnerisch einer durchschnittlichen Umschlagszeit der Produktionsanlagen von etwa 90 Jahren entsprach. Die Zahl der Instandhaltungsarbeiter stieg zwangsläufig an und lag 1988 bei 9 Prozent der Beschäftigten, in einigen Zweigen, wie zum Beispiel im Bereich des Kombinats Braunkohlekraftwerke, wo die Aussonderungsquote zwischen 1985 und 1988 von 0,6 Prozent auf 0,1 Prozent sank, betrug sie über 40 Prozent.

Angesichts der Überalterung vieler Industrieanlagen war eine Verringerung der wirtschaftlichen Zuwachsraten unvermeidlich. Hatte diese für das BIP 1981–1985 noch bei 3,1 Prozent gelegen, sank sie 1986–1989 auf 2,1 Prozent. Den Plan zu erfüllen, wurde immer schwieriger. Im Plan 1988 hatte die SED-Führung – noch ganz in den Dimensionen der siebziger Jahre denkend – einen Anstieg des produzierten Nationaleinkommens um 4,1 Prozent festgelegt. Erreicht wurden 2,7 Prozent. Diese Diskrepanz war für die Planungen der zweiten Hälfte der achtziger Jahre symptomatisch. Die gegebenen »Möglichkeiten werden in der Planung offensichtlich zu optimistisch angesetzt«, urteilten die Wirtschaftswissenschaftler vom DIW in ihrem im Februar 1989 veröffentlichten Bericht zur »Lage der DDR-Wirtschaft zur Jahreswende 1988/89«.

Wie entwickelte sich die Wirtschaftsleistung in der DDR während der achtziger Jahre im Verhältnis zu der in der Bundesrepublik? War noch an Konvergenz zu denken oder schlug sie in Divergenz um? 1980 betrug das DDR-Produktivitätsniveau 51 Prozent des bundesdeutschen, 1985 lag die Wirtschaftsleistung der DDR bei 56 Prozent des BRD-Niveaus. Angesichts der geschilderten Probleme der DDR-Wirtschaft überraschen diese Angaben auf den ersten Blick. Wie war es der DDR gelungen, weiter aufzuholen? Die Antwort findet sich zum Teil in der Performance der Bundesrepublik während der ersten Hälfte der achtziger Jahre. Das Bruttoinlandsprodukt je Einwohner – unsere Messlatte – entwickelte sich in der BRD 1981 und 1982 gegenüber 1980 infolge der durch den neuen Erdölpreisschock ausgelösten weltweiten Krise rückläufig und konnte dort erst 1983 im Vergleich zu den Werten von 1980 um ein Prozent steigen. In der DDR stieg das Bruttoinlandsprodukt je Kopf im gleichen Zeitraum dagegen Jahr für Jahr um über zwei Prozent. Zweitens hatte es die DDR unter Günter Mittags Wirtschaftsführung (Derivateexport!) und mit Hilfe der Bundesregierung (Strauß-Kredite!) verstanden, den Schaden, den die Krise in den Außenwirtschaftsbeziehungen der DDR ausgelöst hatte, in Grenzen zu halten. Eine Verringerung der Wachstumsraten gegenüber den siebziger Jahren war allerdings unvermeidlich. Damals hatte der jährliche Zuwachs der Wirtschaftsleistung durchschnittlich noch bei 3,5 Prozent gelegen.

Mit dem Ende des Derivategeschäfts und der danach einsetzenden Politik des »Exports um jeden Preis« hörten ab Mitte der achtziger Jahre allerdings aber auch jene Faktoren auf zu wirken, die im ersten Jahrfünft der achtziger Jahre zeitweise für eine relative Verbesserung der Wirtschaftsleistung der DDR gesorgt hatten. In der zweiten Hälfte der achtziger Jahre (1986–1989) verzeichnete die DDR entsprechend den vom Kölner Sozialzentrum errechneten Daten erstmals in ihrer Geschichte mehrjährig eine Verschlechterung ihrer Wirtschaftsleistungswerte im Vergleich zu denen der Bundesrepublik. Das Bruttoinlandsprodukt je Einwohner sank relativ von 56 auf 55 Prozent.

Wie ging die SED-Führung mit dem Verfehlen ihrer

selbst gestellten und laut verkündeten Plan- beziehungsweise Aufholziele um? Im April 1986, auf dem XI. Parteitag, dem letzten ordentlichen, den die SED begehen würde, war von den ernsten Problemen, denen die
DDR-Wirtschaft gegenüberstand, nicht die Rede. Günter
Mittag hob im Bericht der Kommission, die den Fünfjahrplan 1986–1990 vorbereitet hatte, im Gegenteil hervor:
»Die Verwirklichung des Grundsatzes: Was der Gesellschaft nutzt, ist auch für den einzelnen von Vorteil, erweist
sich als kräftiger Motor der Entwicklung des Sozialismus,
der Festigung und effektiven Nutzung seiner materi-
ell-technischen Basis und der kontinuierlichen Verbesserung der Arbeits- und Lebensbedingungen.« Der Kom-
missionsbericht war für die Öffentlichkeit bestimmt,
wurde in den Tageszeitungen publiziert und als Broschüre
vertrieben. Aber auch intern herrschte eine völlig über-
triebene optimistische Stimmung vor. Ein halbes Jahr vor
dem Parteitag, im August 1985, schilderte Günter Mittag
auf einer der halbjährlich in Leipzig stattfindenden »Kon-
trollberatungen« des ZK der SED mit den Generaldirek-
toren der Kombinate die wirtschaftliche Lage der DDR so:
»Auch der bisherige Verlauf des Jahres 1985 zeigt, dass
sich die ökonomische Strategie bewährt. Unsere sozialistische Planwirtschaft, deren Rückgrat die Kombinate bilden, steht auf hohem Niveau. Der Weg dynamischen
Wachstums durch umfassende Intensivierung wird weiter
erfolgreich beschritten. Wir befinden uns auf dem richti-
gen Weg.« Nur auf Industriezweige bezogen, wurden Probleme behandelt. Aber auch die sollten nicht an die Öffentlichkeit. Mittags Referat wurde zwar vervielfältigt und
verteilt, war allerdings »nur zur persönlichen Information
leitender Parteikader bestimmt«. Der Empfänger musste
den Erhalt der Broschüre persönlich quittieren. Weiter
hieß es über den Umgang mit dem 150 Seiten umfassen-

den Papier: »Die Aufbewahrung hat sorgfältig zu erfolgen. Von diesem Material dürfen keine Abschriften oder Kopien hergestellt werden.«

Eigentlich hätte man sich diese Umgangsreglungen mit dem parteiinternen Material sparen können. Selbst der oberen Führungsschicht wurde, was die wirtschaftliche Situation betraf, vom Wirtschaftssekretär des ZK der SED Sand in die Augen gestreut. Damit die Täuschung funktionierte, wurde »im Laufe der Zeit ein System regelrechter Informationsfilterung, -fälschung beziehungsweise -blockade geschaffen«, beobachtete Wolfgang Berger, Ulbrichts früherer Wirtschaftsberater, der in den 1980er Jahren in der Staatlichen Zentralverwaltung für Statistik tätig war. Die Zeitschrift *Statistische Praxis*, 1946 gegründet, hatte 1979 auf Geheiß von Günter Mittag ihr Erscheinen einstellen müssen. Honecker konnte so unbesorgt die These von der DDR als zehntgrößte Industrienation weiter verkünden, ohne dass jemand nachrechnen konnte, und der Erste Sekretär blieb bei seiner Aussage auch noch, als die Weltbank beim Ranking der Industrienationen auf die Einordnung der DDR verzichtet hatte.

Den uninformiert Bleibenden war die SED-Führung bestrebt, Optimismus einzuimpfen. Fortschritte der DDR auf technisch-ökonomischem Gebiet, die es selbstverständlich auch in der zweiten Hälfte der achtziger Jahre gab, wurden herausgestrichen und unzulässig verallgemeinert. Als besondere Leistung des Jahres 1988 wurde zum Beispiel ein 1-Megabit-Speicherschaltkreis aus eigener Produktion präsentiert. Er war vom Kombinat Carl Zeiss Jena entwickelt und als Labormuster im September 1988 fertiggestellt worden. Honecker nahm das Starprodukt 1989 auf eine Reise nach Moskau mit und führte es Gorbatschow vor, seine Lieblingsthese von der DDR als einen der zehn führenden Industriestaaten gewissermaßen materialisierend. Was die durch Fernsehen und Rundfunk informierten DDR-Zuschauer und Zuhörer nicht erfuhren, war, dass die Produktivität der mikroelektronischen Ausrüstungen in der DDR, verglichen mit dem Weltstandard, nur bei 10 bis 30 Prozent lag. Die Kosten beliefen sich auf das Fünf- bis Zehnfache. Selbst das 1-Megabit-Speicherbauelement, dessen Massenfertigung für 1992 vorgesehen war, wurde bereits seit 1986/87 auf dem Weltmarkt angeboten.

Für jene Bereiche von Produktion und Konsumtion, für die die staatliche Propaganda partout nicht über Nachrichten zum Mutmachen verfügte, sollten die SED-Mitglieder Zuversicht einfach aus der herrschenden Ideologie schöpfen: »Der Übergang vom Kapitalismus zum Sozialismus ist ein objektiver Prozess, der sich gemäß den Gesetzmäßigkeiten des Klassenkampfes vollzieht«, erinnerte Anfang 1989 die 8. Tagung des ZK der SED die Parteimitglieder. Und in der vom Zentralkomitee der SED, Abteilung Agitation, monatlich herausgegebenen Broschüre, »Was und Wie. Informationen, Argumente, Übersichten für den Agitator«, hieß es: »Unser Optimismus gründet sich auf die Erkenntnis des Marxismus-Leninismus, dass die Geschichte nicht – wie bürgerliche Ideologen behaupten – eine chaotische Abfolge zufälliger Einzelereignisse ist, sondern dass ihr Verlauf von objektiven Gesetzmäßigkeiten bestimmt wird. Sie setzen sich im Handeln der miteinander kämpfenden Klassen letztlich durch und bewirken die Ablösung einer sozialökonomischen Gesellschaftsformation durch die höhere.«

Ob dieser Appell ans »sozialistische Bewusstsein« bei den SED-Mitgliedern 1989 noch zog, mag zu Recht bezweifelt werden. Das Interesse an Gorbatschows »Perestroika«, die Bewunderung für »Glasnost« (Offenheit) war jedenfalls unter den SED-Mitgliedern groß, wenn man

Berichte des Ministeriums für Staatssicherheit in der zweiten Hälfte der achtziger Jahre heranzieht. Kritische SED-Mitglieder forderten demzufolge die »prinzipielle Auseinandersetzung mit noch vorhandenen Mängeln« anstelle der üblichen Schönfärberei. Gorbatschows »Konsequenz bei der Aufdeckung von Mängeln« stünde auch der SED gut zu Gesicht, meinten viele SED-Mitglieder, denn die Probleme der UdSSR seien denen in der DDR doch nicht unähnlich.

Die Mehrheit der DDR-Bevölkerung bildete sich ihre Meinung nicht durch das Studium von Zeitungsartikeln oder Agitationsbroschüren, sondern in der Praxis, das heißt durch Beobachtungen auf der Arbeit und im Alltag. Im Betrieb machten sich die ökonomischen Probleme, der Mangel an Material und Ersatzteilen vor allem in der Ausweitung der Warte- und Stillstandszeiten bemerkbar. Im Alltag hielten »die Werktätigen« eine ausreichende Versorgung mit den üblichen Konsumgütern für selbstverständlich. Man erboste sich jedoch zunehmend darüber, dass Produkte im höherwertigen Bereich knapp waren beziehungsweise wurden. Das langsamere Wachstum des Angebots betraf fast den gesamten Konsumgüterbereich und hinkte zunehmend der Nachfrage hinterher, besonders deutlich bei der Versorgung mit Pkw, ob Wartburg oder Trabant, auf dessen Auslieferung man jahrelang warten musste. Hinzu kam, dass die Produktion bestimmter Konsumgüter, die einem aus dem Westfernsehen bekannt waren, in der DDR erst gar nicht aufgenommen wurde, zum Beispiel die von Videorekordern. Dass in der DDR gewisse moderne Konsumgüter erst einige Jahre später zum Verkauf kamen als in der BRD, zum Beispiel Farbfernseher, daran hatte sich die Bevölkerung seit dreieinhalb Jahrzehnten gewöhnt, nicht aber daran, dass diese überhaupt ausblieben. Das verärgerte sehr.

Im November 1988 berichtete das Ministerium für Staatssicherheit mit Blick auf die Arbeits- und Lebensbedingungen, »das Stimmungsbild werde immer stärker geprägt durch kritische Meinungsäußerungen über die Um- und Durchsetzung der ökonomischen Politik der Partei«. Es gebe kaum noch »Stolz auf das Erreichte«. Verlangt wurde von der Bevölkerung eine »offene Diskussion, um die Schwachstellen, besonders in der Volkswirtschaft, aufzudecken«. »Nachhaltig negativ« beeinflusst werde die Stimmung durch »euphorische Schilderungen« von DDR-Bürgern, die in die BRD gereist waren. Diese beträfen nicht nur das Angebot an Waren und Dienstleistungen, sondern bezögen sich auch auf den »Zustand und die Produktionsabläufe in Unternehmen und Betrieben in der BRD«. Wem weiterhin am Leben in der DDR gelegen sei, wer sich aber von Agitationsbroschüren und sporadischen Siegesmeldungen auf diesem oder jenem Gebiet nicht beruhigen lasse, der äußere, so der MfS-Bericht, »zunehmend Befürchtungen um die Stabilität der DDR und ihre weitere Entwicklungsperspektive«.

Die SED-Führung unter Honecker hielt indessen offensichtlich unbeirrt an ihrer »Strategie der achtziger Jahre« fest, stellte Planziele auf gemäß Honeckers Motto, ein »realer Plan« sei »stets ein anspruchsvoller, unter Anspannung aller Kräfte und mit der Initiative der Werktätigen erfüllbarer Plan«. Die die DDR-Wirtschaft beobachtenden Ökonomen vom DIW konstatierten: Die Planung bestehe nicht »in einer nüchternen Abwägung des Machbaren auf der Basis der vorhandenen Ressourcen, sondern enthält die Hoffnung auf ›Tatkraft, hohe Leistungen und die Erschließung zusätzlicher Reserven‹. Diese Möglichkeiten werden in der Planung offensichtlich zu optimistisch angesetzt.«

Wie aber verhielten sich in dieser Situation die Spezialisten für Wirtschaftsfragen in der DDR, jene, die führende Funktionen in wirtschaftsleitenden Institutionen inne hatten und die sich einen realitätsnahen Überblick über die reale ökonomische Situation in der DDR verschaffen konnten, auch wenn dieser nicht vollständig war?

Erste Warnungen seitens durch die wachsende Verschuldung der DDR alarmierter hoher Wirtschaftsfunktionäre an die SED-Führung gab es bereits in der zweiten Hälfte der siebziger Jahre. Günter Mittag, den Grundsatz vertretend, »dass nur verbraucht werden kann, was vorher erarbeitet wurde«, wandte sich in diesem Sinne gemeinsam mit dem Vorsitzenden der Staatlichen Plankommission, Gerhard Schürer, im März 1977 in einem Brief an Honecker. Die beiden Spitzenfunktionäre schlugen unter Hinweis auf »akute Zahlungsschwierigkeiten« – die Schulden der DDR gegenüber dem Westen hatten sich zwischen 1971 und 1975 verdreifacht – Importeinschränkungen und Exportausweitungen vor. Ihr Vorschlag war nicht realisierbar, wenn sozialpolitische Maßnahmen im gleichen Umfang wie bisher gewährt wurden. Nach Mittag und Schürer wäre es deshalb ratsam, die Subventionierung von Konsumgütern und Dienstleistungen einzuschränken, das heißt, Preise für Konsumgüter und Gebühren für Dienstleistungen zu erhöhen und Investitionen im Wohnungsbau zu kürzen. Honecker interpretierte den Vorschlag der beiden besorgten SED-Funktionäre als Angriff auf seine Machtposition und wehrte ihn – ebenso wie einen gleichartigen Vorstoß im Mai 1978 – ab. Ähnlich erging es Anfang 1979 einer Vorlage, die der Leiter der SPK zusammen mit dem Finanzminister und dem Präsidenten der Notenbank der DDR vorbereitet hatte. In der Diskussion mit denjenigen, die eine – wenigstens teilweise – Abkehr von der »Hauptaufgabe« befürworteten, wies Honecker gern auf die devisenbringenden Aktivitäten des Bereichs

»Kommerzielle Koordinierung« hin sowie auf die Zahlungen der Bundesrepublik an die DDR in Form von Autobahngebühren, Erstattungen der Bundespost beziehungsweise auf die Kassierung von Mindestumtauschsätzen von westdeutschen DDR-Besuchern. Er übersah dabei geflissentlich, dass die Einkünfte des Devisenbeschaffers Schalck-Golodkowski in der zweiten Hälfte der siebziger Jahre ebenso wie die Einnahmen aus dem Mindestumtausch der die DDR besuchenden Bundesbürger jeweils die 200-Millionen-DM-Grenze nicht überstiegen, während die Verschuldung der DDR gegenüber den westlichen Banken zwischen 1976 und 1980 jährlich um durchschnittlich 2,6 Milliarden DM anstieg.

Aus dem Scheitern der Alternativvorschläge von 1977, 1978 und 1979 hatte Günter Mittag den Schluss gezogen, dass Honecker mit derartigen Interventionen nicht beizukommen sei und verzichtete in den achtziger Jahren auf weitere Vorschläge. Deshalb entschloss sich Gerhard Schürer im April 1988 zu einem Alleingang: Unter Umgehung des Wirtschaftssekretariats des ZK wandte sich der Vorsitzende der Staatlichen Plankommission in einem dreizehnseitigen Schreiben, das er vorsichtig »Überlegungen« betitelte, an Erich Honecker mit der Bitte um Aussprache unter vier Augen. Schürer schlug vor, keine weiteren Betriebe der Mikroelektronik mehr aufzubauen, sondern Investitionen auf ausgewählte Zweige des Verarbeitungsmaschinenbaus zu konzentrieren, auf Zweige also, für deren Produkte es Märkte im NSW gab und die man dorthin rentabel exportieren konnte. Schürer forderte auch, sozial nicht begründete Preissubventionen abzuschaffen, um der seit 1986 wieder wachsenden Verschuldung entgegentreten zu können. Honecker verwehrte Schürer jedoch die Aussprache. Dem Politbüro wurde vielmehr ein Papier vorgelegt, in dem es denunzierend hieß: »Diesen Überlegungen des Genossen Schürer zu folgen, würde bedeuten, in einem umfassenden Maße Beschlüsse des VIII. und des IX. Parteitages der SED und somit die Einheit von Wirtschafts- und Sozialpolitik in Frage zu stellen.« Danach kam es bis zu Honeckers Absetzung im Oktober 1989 zu keinen weiteren Alternativvorschlägen der Wirtschaftspolitiker mehr.

Siegfried Wenzel, in den siebziger und achtziger Jahren stellvertretender Vorsitzender der Staatlichen Plankommission, hat in den neunziger Jahren in einer Buchpublikation das Machtverhältnis von politischen Führern und den Wirtschaftsexperten in der DDR analysiert und ist dabei zu folgendem Schluss gekommen: »Aus der führenden Rolle der marxistischen Parteien in den staatssozialistischen Ländern ergab sich zwangsläufig, dass die Wirtschaftsplanung, die Bestimmung der wirtschaftlichen Entwicklung, d.h. die Ökonomie dem Primat dieser Politik unterworfen war. Damit war dem Subjektivismus, den von Wunschdenken getragenen Entscheidungen in diesem Modell der sozialistischen Gesellschaft das Tor geöffnet.« Auf einer Podiumsdiskussion zu den Ursachen des Niedergangs der DDR-Wirtschaft im November 1999 kennzeichnete Wenzel »das Postulat der führenden Rolle der Partei, den Weisheits- und Wahrheitsanspruch einer Partei« als einen »genetischen Fehler des sozialistischen Gesellschaftssystems und damit auch des sozialistischen Wirtschaftssystems. Das war die Hauptbremse für die Entfaltung des Planungssystems als auch für die Entfaltung der Initiative der Menschen.« Auf der gleichen Podiumsdiskussion befragt, warum er ungeachtet seiner Machtlosigkeit wider besseres Wissen in der SPK weiterhin tätig gewesen sei, antwortete Wenzel, dass er sich natürlich gefragt habe, warum er trotzdem weitermache. »Ich will dazu ganz eindeutig sagen: Ich war Mitglied dieser Partei, der SED, aus Überzeugung: Ich habe sehr früh gemerkt, dass das System Fehler hatte und die Parteidoktrin Fehler hatte, aber ich muss sagen: Ich habe nie daran gedacht, die Partei zu verlassen, oder man könnte auch sagen: zu verraten oder die DDR zu verraten. Wir – es gab da (in der Staatlichen Plankommission – J. R.) einen Kreis von Leuten, von Freunden, die sich verständigt haben –, wir haben gesagt: Wir müssen erreichen, dass wir die DDR und den Sozialismus besser machen. Es gibt einen Weg.« Dieser Weg konnte aber erst beschritten werden, wenn Honecker gestürzt und die SED der Doktrin des »demokratischen Zentralismus« entsagt hatte. Dazu sollte es nicht vor dem Herbst 1989 kommen.

5. Der Wende zur Deutschen Einheit erster Teil – Auf dem Wege zur Vertragsgemeinschaft (Oktober 1989 bis Januar 1990)

Am 28. September 1989 lag ein in den Ministerien für Finanzen und für Außenhandel auf Geheiß von Günter Mittag seit August erarbeiteter interner Bericht zur finanziellen Lage und wirtschaftlichen Situation der DDR vor. Mittag hatte sich angesichts von Honeckers Krebserkrankung, die sein baldiges Ausscheiden aus der SED-Führung erwarten ließ, entschlossen, seinen bedingungslosen Gehorsam dem Parteichef gegenüber aufzugeben. In dem Papier wurden auf fünf Seiten zahlreiche Mängel aufgelistet: »Die Leistungsentwicklung blieb hinter den Planzielstellungen zurück.« Das Wachstum des Nationaleinkommens der Fünfjahrplanperiode 1986–1990 werde »mit 3,6 Prozent bedeutend unter den erreichten Ergebnissen bis 1985« liegen. »Der Ausgleich zwischen diesem Leistungsrückstand und der Erfüllung der sozialpolitischen Aufgaben führte zur Senkung der Akkumulation, zur Erhöhung der inneren Verschuldung und der zunehmenden Aufnahme ausländischer Kredite.« Aus der schnelleren Entwicklung der Nettogeldeinnahmen der Bürger gegenüber den Warenfonds zur Versorgung der Bevölkerung habe sich im Zeitraum 1986–1989 ein direkt auf den Binnenmarkt wirkender Kaufkraftüberhang von 6,0 Milliarden DM ergeben. »Das entspricht etwa dem Zuwachs der Nettogeldeinnahmen der Bevölkerung eines ganzen Jahres.«

Nach 1990 haben Politiker und Zeithistoriker aus den dann bekannt gemachten Wirtschaftsdaten der DDR den

Schluss gezogen, die DDR sei 1989 pleite gewesen. Diese Feststellung wurde oft und gern wiederholt. Auf die Gründe werden wir noch zu sprechen kommen. Doris Cornelsen, die langjährige Leiterin der Abteilung »DDR und östliche Industrieländer« des DIW hat auf der Diskussionsveranstaltung der Friedrich-Ebert-Stiftung im November 1999 ausführlicher dazu Stellung genommen, nachdem drei Monate zuvor die Deutsche Bundesbank die Zahlungsbilanz der DDR nachgerechnet und die Ergebnisse publiziert hatte. Bezogen auf die knapp 20 Milliarden DM Verbindlichkeiten der DDR gegenüber dem NSW 1989 erklärte sie: »Das ist natürlich keine Größenordnung eines Bankrottes, einer Pleite.« Schließlich »wurden alle laufenden Zahlungsverpflichtungen, Zinsbedienung usw. pünktlich erledigt. Die innere Verschuldung, hauptsächlich im Wohnungsbau usw., betrug Ende 1989 etwa 7.000 Mark pro Einwohner; im Vergleich: in den alten Bundesländern etwa 15.000. Also man kann in dieser Hinsicht nicht von einer Pleite sprechen. Es ist eine andere Frage, ob ein Staat noch leistungsfähig ist, ob er konkurrenzfähig ist, ob seine Wirtschaft gesund ist. Die DDR-Wirtschaft war in ihrem gesamten Produktionsprofil immer mehr in Schwierigkeiten geraten. Der Export – jedenfalls in den Westen – war mühsam und schleppend. Das Angebot auf den Binnenmärkten der DDR entsprach nicht mehr dem, was die Bevölkerung wünschte. Das hat sicher auch die Arbeitsmotivation beeinträchtigt.«

Frau Cornelsens Ausführungen kann man sicherlich so zusammenfassen: Die DDR war 1989 nicht pleite, aber sie hatte keine Zukunftsperspektive, wenn sie ihre Wirtschaft nicht grundlegend reformierte. Und das konnte sie angesichts ihrer prekären Finanzlage nicht ohne die Inanspruchnahme fremder Hilfe.

Solange Erich Honecker an der Spitze der SED stand

und auf die Einhaltung der seit 1971 auf Parteitagen unter seiner Regie gefassten Beschlüsse zur »Einheit von Wirtschafts- und Sozialpolitik« bestand, war an grundlegende Reformen nicht zu denken. Diese Erfahrung hatten alle Wirtschaftsfunktionäre in verantwortlichen Positionen gemacht, die in den vergangenen anderthalb Jahrzehnten mit wohldurchdachten Vorschlägen beim Generalsekretär für wesentliche Veränderungen in der Wirtschaftspolitik der DDR plädiert hatten. Am 18. Oktober 1989 entließ das ZK der SED Honecker als Generalsekretär und Politbüromitglied, ebenso Günter Mittag als Wirtschaftssekretär. Nachfolger Honeckers wurde Egon Krenz. Der bekannte in einer von den DDR-Medien verbreiteten Rede, dass die SED in letzter Zeit die reale Lage verkannt und versäumt habe, notwendige Schlussfolgerungen zu ziehen. Er werde das tun. Eine »Wende« sei nunmehr eingeleitet.

Dem Abtritt der Spitze der SED folgte der der »staatlichen Leitung«. Am 7. November trat die von Ministerpräsident Willi Stoph geführte DDR-Regierung geschlossen zurück. Das am 10. November endende dreitägige Plenum des ZK der SED schlug Hans Modrow, bislang Sekretär des Bezirks Dresden, zum Ministerpräsidenten der neu zu bildenden Regierung vor. Am 13. November nahm Modrow die Berufung an, um, wie er sich ausdrückte, die »Koalitionsregierung« mit den Blockparteien zu bilden. Am 15. traf er sich mit der Rektorin der Hochschule für Ökonomie Berlin-Karlshorst und lud Christa Luft ein, im von ihm zu bildenden Kabinett Wirtschaftsministerin zu werden. Am 17. November trat die Volkskammer der DDR zu ihrer 12. Tagung zusammen. Wichtigster Tagesordnungspunkt war die Regierungserklärung von Hans Modrow. Darin kündigte der Ministerpräsident Reformen auf mehreren Gebieten an: An erster Stelle nannte er die »bereits begonnene Reform des politischen Systems«. Zweitens ging es ihm um eine Wirtschaftsreform, »die zum Ziel haben muss, die Eigenverantwortung der wirtschaftenden Einheiten zu erhöhen, um die Effektivität ihrer Arbeit bedeutend zu vergrößern, die zentrale Leitung und Planung auf das erforderliche vernünftige Maß zu reduzieren sowie das Leistungsprinzip durchzusetzen«. Weiterhin versprach Modrow in seiner Regierungserklärung Reformen auf dem Gebiet der Bildung, der Verwaltung sowie Maßnahmen zur Herstellung der »Übereinstimmung von Ökonomie und Ökologie«. Für das durch die vorgeschlagenen Reformen auf wirtschaftlichem Gebiet zu erreichende Ziel war in der Regierungserklärung der Begriff »marktorientierte Planwirtschaft« gefunden worden. Modrow ging es um mehr Markt, aber auch um verbesserte Planungsmethoden.

Des DDR-Ministerpräsidenten Rede wurde insbesondere von den Wirtschaftsfachleuten in der Staatlichen Plankommission und in den für die Wirtschaftslenkung verantwortlichen Ministerien begrüßt. Walter Siegert, Staatssekretär im Finanzministerium, hat die Resonanz der Ankündigungen Modrows unter den Wirtschaftsfachleuten später so geschildert: »Endlich konnte man frei über Reformen nachdenken. Wir hatten in der ›NÖS-Zeit‹ der 1960er Jahre viele Szenarien durchgespielt. Am Ende war das meiste in den Papierkorb gewandert. Jetzt war die Frage: ›Wie muss man künftig den marktwirtschaftlichen Rahmen für die Betriebe gestalten, um den notwendigen Schub im ökonomischen Handeln und der Eigenverantwortlichkeit für Leistung und Gewinn zu fördern?‹ Dabei war unumstritten: Das Volkseigentum muss weiterhin unantastbar sein!«

So wichtig für die von der Regierung Modrow in Angriff zu nehmenden Reformen auch Verständnis, Zustimmung und Kooperation mit der Wirtschafts- und der politischen Elite im Innern des Landes war: Benötigt wurde auch die Unterstützung von außen – vor allem durch die UdSSR und die BRD. Doch die Sowjetunion befand sich im fünften Jahr von Gorbatschows Perestroika selbst in einer Wirtschaftskrise und versagte der Regierung Modrow die erhoffte materielle Unterstützung. Angesichts ausbleibender sowjetischer Hilfe wurde umso wichtiger die Haltung der Bundesregierung zu Modrow und zu dessen in der Regierungserklärung vom 17. November vorgestellten Reformabsichten. »Wir sind dafür«, hatte Modrow angeboten, »die (in den achtziger Jahren vereinbarte) Verantwortungsgemeinschaft beider deutscher Staaten durch eine Vertragsgemeinschaft zu untersetzen, die weit über den Grundlagenvertrag (zwischen DDR und BRD von 1972) und die bislang geschlossenen Verträge und Abkommen zwischen beiden Staaten hinausgeht. Dafür ist diese Regierung gesprächsbereit.«

Die Situation hat sich damit im Herbst 1989 gründlich geändert. Erstmals seit 20 Jahren lohnte es sich wieder, sich Gedanken über die Zukunftsperspektive der DDR-Wirtschaft und der DDR als Staat zu machen. Das galt nicht nur für die politisch mündig und handlungsfähig gewordenen politischen Gruppierungen in der DDR, sondern auch für die an einer Umgestaltung der Beziehungen zur DDR interessierten Kräfte in der Bundesrepublik. Insgesamt fünf Vorstellungen darüber, in welche Richtung sich die DDR-Wirtschaft in Zukunft entwickeln sollte, bildeten sich so bis Ende 1989 heraus. Sie wurden von der DDR-Führung, vom Bundeskanzleramt, in bundesdeutschen Wirtschaftskreisen, von der DDR-Bürgerbewegung beziehungsweise im Bundesfinanzministerium entwickelt.

Für die Formulierung der Reformvorstellungen der DDR-Führung war die zwischen dem 18. Oktober und 3. Dezember 1990 vom amtierenden Generalsekretär der

SED, Egon Krenz, beim Vorsitzenden der Staatlichen Plankommission, Gerhard Schürer, angeforderte »schonungslose Analyse« der ökonomischen Situation der DDR, die am 30. Oktober als »Geheime Verschlusssache« dem Politbüro und den wichtigsten Wirtschaftsministerien vorlag, der Ausgangspunkt. Die »Analyse der ökonomischen Lage der DDR mit Schlussfolgerungen« basierte auf der noch unter Günter Mittag in seiner Funktion als Wirtschaftssekretär angeforderten Studie für die Nach-Honecker-Zeit. Auf mehr als der Hälfte des insgesamt 18 Seiten umfassenden Papiers wurden Vorschläge zur Korrektur der bisherigen Wirtschaftspolitik der DDR gemacht, für die »eine grundsätzliche Änderung verbunden mit einer Wirtschaftsreform« erforderlich sei. Es gehe darum, »Leistung und Verbrauch wieder in Übereinstimmung zu bringen. Es kann im Inland nur das verbraucht werden, was nach Abzug des erforderlichen Exportüberschusses für die innere Verwendung als Konsumtion und Akkumulation zur Verfügung steht.« Als Kern der vorgeschlagenen »sofort wirksamen und langfristig wirkenden« Reformmaßnahmen wurde verlangt: »Vorhandene Elemente einer bürokratischen Zentralisierung in Leitung und Planung, deren Bearbeitung und Lösung nicht in der Zentrale möglich und erforderlich sind, sind abzuschaffen und die Verantwortung der Betriebe und Kombinate wesentlich zu erhöhen.« Insbesondere wurde die »Abschaffung der zentralen Planung und Abrechnung der Tagesmeldungen sowie der zentralen Dekaden- und Monatsplanung« verlangt. »Für die Klein- und Mittelbetriebe sowie für Handwerk und Gewerbe« seien bessere materielle Voraussetzungen zu schaffen, »den ökonomischen Wirkungen von Angebot und Nachfrage und entsprechender Preisbildung« im Bereich dieser Wirtschaftsunternehmen sei größerer Spielraum zu geben. »Insgesamt

geht es um die Entwicklung einer an den Marktbedingun-
gen orientierten sozialistischen Planwirtschaft bei optima-
ler Ausgestaltung des demokratischen Zentralismus, wo
jede Frage dort entscheiden wird, wo die dafür nötige,
größere Kompetenz vorhanden ist.«

In der an das ZK der SED geleiteten geheimen Verschlusssache wurde neben engerer Zusammenarbeit mit
der Sowjetunion »ein konstruktives Konzept der Zusammenarbeit mit der BRD und mit anderen kapitalistischen
Ländern« gefordert: »Die DDR ist interessiert, mit Konzernen und Firmen der BRD und anderen Ländern zu
kooperieren, Lizenzen und Technologien zu übernehmen,
Leasinggeschäfte durchzuführen sowie die Gestattungsproduktion weiterzuentwickeln.«

Die in der Vorlage für das ZK aufgezeichneten Vorstellungen für die Zukunft der DDR entsprachen weitgehend
den zuvor im Wirtschaftsapparat der DDR entwickelten
und in kleinem Rahmen diskutierten Überlegungen. Sie
trafen sich in mancherlei Hinsicht auch mit den seit dem
Herbst 1989 in Wirtschaftskreisen der Bundesrepublik
und im Bundeskanzleramt diskutierten Vorstellungen zur
Zukunft der DDR-Wirtschaft und zur gewünschten Intensivierung der Zusammenarbeit von BRD und DDR auf
politischem und wirtschaftlichem Gebiet.

Erste Informationen über die Stimmung in Bonner Regierungskreisen und über die in der bundesdeutschen
Wirtschaftselite kursierenden Vorstellungen zur weiteren
Entwicklung der Zusammenarbeit mit der DDR nach der
Ablösung von Honecker und Mittag enthielt ein mit dem
28. Oktober 1989 datierter Bericht des Wirtschaftswissen-
schaftlers Max Schmidt. Der im Oktober zu einer Infor-
mationsreise in die Bundesrepublik aufgebrochene Direktor des Instituts für Internationale Politik und Wirtschaft
in Berlin (Ost) berichtete der DDR-Führung von der Be-

reitschaft »großer Teile der BRD-Wirtschaft zur Intensivierung der Wirtschaftsbeziehungen mit der DDR«. Natürlich, so Schmidts Eindruck, »wolle man nicht nur aus humanitären Gründen helfen, sondern Geschäfte machen – dies aber auf lange Sicht und auf höherer Ebene. In diese Richtung denken Siemens, VW und viele andere. Die Hoffnung gehe dahin, dass sich die künftigen Verantwortlichen für die Wirtschaft (der DDR) etwas beweglicher zeigen würden. Herrn Mittag habe man viele Angebote gemacht, von denen man nicht wisse, ob sie überhaupt über ihn hinausgegangen seien. Mehr Flexibilität erwarte man bei neuen Kooperationsformen, vor allem in der Industriekooperation. Vielleicht solle man auch ein nicht zu aufwendiges Beispiel für (in der DDR bis dato nicht zugelassene – J. R.) Joint Venture schaffen.« Den in der DDR-Führung vermuteten Bedenken könne man am besten »durch eine stufenweise Liberalisierung von ausländischen Direktinvestitionen begegnen«, schlug die Volkswirtschaftliche Abteilung der Deutschen Bank in einem »Lage – Wandel – Zukunft« betitelten Bericht über die DDR-Wirtschaft vor. Die führende Privatbank der BRD sah nur bei »marktwirtschaftlichen Reformen von Grund auf« eine Zukunft für die DDR. Bliebe die DDR-Wirtschaftsreform »bei einem bisschen Marktwirtschaft stehen«, seien die Anreize für privates westliches Engagement in der DDR gering. Auch die Bundesregierung sollte die DDR-Wirtschaft unterstützen, wenn dabei mehr herauskomme als »marktwirtschaftliche Inseln in einem planwirtschaftlichen Meer«.

In ihren Erwartungen in Bezug auf Wirtschaftsreformen in der DDR ähnlich äußerten sich auch die Leiter der fünf führenden Wirtschaftswissenschaftlichen Institute der Bundesrepublik: »Wenn es zu einer lediglich partiellen Korrektur der Planwirtschaft durch einzelne marktwirtschaftliche Elemente kommen sollte, müsste das in der Bundesrepublik hingenommen werden. Es wäre dann (allerdings) verfehlt, wenn die Bundesrepublik versuchen würde, den mit Gewissheit zu prognostizierenden Misserfolg einer solchen halbherzigen Reform durch vermehrte öffentliche Finanzhilfen auszugleichen und dadurch zu bemänteln.«

Für die DDR-Bürgerbewegung hatten im Herbst 1989 Wirtschaftsthemen keine Priorität. Demokratie und Bürgerrechte standen im Mittelpunkt der Forderungen. Die Vertreter der Bürgerbewegungen mussten aber zur Kenntnis nehmen, dass auch sie um die Beschäftigung mit Fragen der Umgestaltung der DDR-Wirtschaft nicht herumkommen würden. Für Ende November lud die größte der Bürgerbewegungen, das Neue Forum, deshalb zu einem Treffen zu Wirtschaftsfragen ein. Über den Zweck der Veranstaltung hieß es: »Das Neue Forum muss Konzeptionen von links und rechts sichten, sollte sie öffentlich kommentieren, die verborgenen Konsequenzen sehr laut aussprechen, deren vernünftige Gedanken ins eigene Konzept integrieren, jederzeit Differenzen und inhaltliche Gemeinsamkeiten sauber benennen.« Die Spannweite der Auffassungen, die die aus Ost- und Westdeutschland eingeladenen 55 Konferenzteilnehmer vortrugen, war beträchtlich. Am heftigsten wurde über die »Grundwerte« Plan oder Markt gestritten. Die »Gruppe Ökonomie« des Neuen Forums Berlin-Pankow wandte sich auf der Konferenz entschieden gegen »das alte Kommandosystem« und vertrat die Ansicht: »Der Grundsatzentscheidung zwischen Plan und Markt könne niemand ausweichen.« Dagegen meinte der Vertreter der linken »Alternativen Liste« aus Westberlin, es sollte nunmehr in der DDR nicht um Kapitalismus und Sozialismus, sondern um »eine ökologische und soziale Industriegesellschaft« gehen. Bei den Reformen den jähen Sprung in die Marktwirtschaft zu meiden, dafür sprachen sich Konferenzgäste aus einigen Volkseigenen Betrieben (VEB) Ostberlins aus. Sie plädierten für eine gemischte Wirtschaft, in der Staatspläne ihren administrativen Charakter verlieren, aber eine koordinierende Funktion behalten.

Bis zum Jahreswechsel 1989/90 setzte sich im Neuen Forum die Auffassung durch, eine rigorose Umstellung von Plan- auf Marktwirtschaft sei keine akzeptable Lösung. In der Programmerklärung von Anfang Januar 1990 wurde zwar die »Abschaffung der dirigistisch-administrativen Planwirtschaft« festgeschrieben, doch darauf bestanden, dass »staatliche Eingriffe in den Marktmechanismus über steuer- und finanzpolitische Maßnahmen durchzusetzen seien«, um zu verhindern, »dass die Plandiktatur in eine Marktdiktatur umkippt«.

Gegen die teilweise Beibehaltung einer staatlichen Planung in der DDR hatte sich bereits auf der Ökonomie-Konferenz des Neuen Forums der dahin eingeladene BDI-Präsident Tyll Necker ausgesprochen und dazu aufgerufen, sich so schnell und so gründlich wie möglich vom Volkswirtschaftsplan als »sozialistischem Auslaufmodell« zu verabschieden. Gegen die »Vorstellungen wichtiger Oppositionsgruppen in der DDR von einem ›Dritten Weg‹« sprach sich auch die Deutsche Bank aus, und in einem Gutachten der im Sachverständigenrat vertretenen fünf Wirtschaftswissenschaftlichen Institute hieß es fast apodiktisch: »Einen erfolgversprechenden ›Dritten Weg‹ zwischen Planwirtschaft und Marktwirtschaft gibt es nicht.« Allerdings bedeute das nicht »die Überführung der DDR in eine ›staatsfreie‹ Wirtschaft. Es geht vielmehr darum, die Felder zu benennen, auf denen der Staat (weiterhin) zu handeln hat – zum Beispiel soziale Sicherung und Infrastruktur.«

Für keinerlei Kompromisse bezüglich Staatseigentum und Wirtschaftsführung bei der Umgestaltung der DDR-Ökonomie sprach sich dagegen eine Gruppe von Beamten des Bundesfinanzministeriums aus, zu der die Finanzexperten wie Thilo Sarrazin und Horst Köhler gehörten. Diese Gruppe beschäftigte sich im Auftrage von Minister Waigel seit Dezember 1989 intensiv mit der Zukunft der DDR-Wirtschaft. Die im Finanzministerium entwickelten Vorstellungen spielten zunächst jedoch in der öffentlichen Diskussion in der Bundesrepublik über ökonomische Zukunftsperspektiven der DDR beziehungsweise über die Gestaltung des Verhältnisses beider deutscher Staaten zueinander keine Rolle. Sie trugen noch den Charakter von Planspielen.

Die fünf hier beschriebenen wirtschaftspolitischen Vorstellungen fanden in unterschiedlichem Maße Eingang in die Wirtschaftspolitik beider deutscher Staaten. Die Auffassungen der DDR-Wirtschaftswissenschaftler und Wirtschaftskapitäne fanden – das ist bereits dargestellt worden – im am 17. November 1989 angekündigten Reformprogramm der Regierung Modrow, das mit einem Vertragsgemeinschaftsangebot an die BRD-Regierung gekoppelt worden war, weitgehend Berücksichtigung. Gegen die Wirtschaftspolitik der Regierung gab es von anderen Aktionsgruppen und Institutionen in der DDR keine prinzipiellen Einwände. Das signalisierten die Vertreter des Anfang Dezember 1989 gebildeten Zentralen Runden Tisches, der sich aus Vertretern des Neuen Forums und fünf weiterer Bürgerbewegungen sowie der Parteien, die im DDR-Parlament, der Volkskammer, vertreten waren, zusammensetzte und sich als gesellschaftliches Kontrollorgan der Regierung verstand. Grundsätzliche Zustimmung zum Programm der Regierung Modrow gab es Anfang Dezember auch seitens der SED, die sich Anfang

Dezember auf einem Erneuerungsparteitag über ihre Ziele verständigt hatte und sich nunmehr SED/PDS nannte.

Das Gelingen des Modrowschen Reformprogramms hing aber angesichts der prekären Wirtschaftslage der DDR nicht nur von der Zustimmung wesentlicher politischer Kräfte in der DDR, sondern auch von der Haltung der Bundesregierung zur Wirtschaftspolitik der Regierung Modrow ab. Bundeskanzler Kohl antwortete auf die DDR-Regierungserklärung am 28. November 1989 mit einer Rede vor dem Bundestag in Bonn, in der er ein »Zehn-Punkte-Programm« zur Weiterentwicklung der Beziehungen mit der DDR vorstellte. Bezüglich des Modrowschen Vertragsgemeinschaftsangebots erklärte Helmut Kohl: »Wir sind bereit, diesen Gedanken aufzugreifen. Denn die Nähe und der besondere Charakter der Beziehungen zwischen den beiden Staaten in Deutschland erfordern ein immer dichteres Netz von Vereinbarungen in allen Bereichen und auf allen Ebenen.« Als inhaltliche Bedingungen für diese deutsch-deutsche Kooperation forderte Kohl in Punkt 3 die »Einführung rechtsstaatlicher Verhältnisse«. Zwei Forderungen standen dabei im Mittelpunkt: »Das Machtmonopol der SED muss aufgehoben werden. Die bürokratische Planwirtschaft muss abgebaut werden.« In Punkt 5 verlangte Kohl, »konföderative Strukturen zwischen beiden Staaten in Deutschland zu entwickeln mit dem Ziel, eine Föderation zu schaffen«.

»Eine Art Fahrplan für die Einheit« findet der aufmerksame Leser jedoch in Kohls Programm auch unter Punkt 10 nicht. Vielmehr wurde darin betont, dass sich »auf dem Wege zur deutschen Einheit viele schwierige Fragen stellen, auf die korrekterweise heute niemand eine abschließende Antwort geben kann«. Die deutsche Einheit könne deshalb nicht, das hatte Kohl bereits zu Beginn seiner Rede in der Haushaltsdebatte des Bundestages eingeräumt, auf der er sein Programm vorstellte, »mit einem Terminkalender in der Hand geplant werden«.

Überhaupt war der Ton des Zehn-Punkte-Programms gegenüber der SED-Führung konziliant. Ein wesentlicher Grund dafür war, dass die Bundesregierung sich Ende November bereits von der Vorstellung, mit der Bürgerbewegung zu kooperieren und die SED-Führung links liegen zu lassen, verabschiedet hatte. Mitarbeiter der Ständigen Vertretung der Bundesregierung in Berlin Ost hatten die Veranstaltungen der »DDR-Opposition« besucht, seitdem diese öffentlich hervorgetreten war. Die dabei gewonnenen Erkenntnisse stellten nach Auffassung der Diplomaten die Eignung der Vertreter der Bürgerbewegung für eine engere Zusammenarbeit prinzipiell in Frage. In einem Bericht des Leiters der Ständigen Vertretung an das Bundeskanzleramt von Ende September hieß es über eine von der prominenten Bürgerrechtlerin Bärbel Bohley geleitete Veranstaltung des Neuen Forums im Abschnitt »Wertung«: »Die in unserer Presse veröffentlichten Berichte über die ›Opposition‹ in der DDR sind übertrieben und aufgebauscht. Der Teilnehmerkreis bestand, soweit erkennbar, ausschließlich aus Intellektuellen, unter denen keine politischen Talente sichtbar wurden. Selbst einfachste Organisationsformen waren nicht bedacht worden. Bärbel Bohley konnte keine Orientierung geben, ihr amateurhaftes Auftreten zeigte deutlich die Schwierigkeiten bei inhaltlicher und organisatorischer Umsetzung ihrer Ziele.«

Ansprech- und Kooperationspartner für die Bundesregierung blieb damit das SED-Establishment, nachdem es mit der Entmachtung Honeckers und einiger Politbüromitglieder Ende Oktober hatte erkennen lassen, dass die neue Führung zu Veränderungen auf wirtschaftlichem Gebiet und in der Deutschlandpolitik bereit war.

Wiederholt wurde den Westen bereisenden DDR-Emissären von Vertretern der Bundesregierung und Vertrauten Kohls versichert, dass man zwar im Westen für den weiteren Dialog auf einigen Grundforderungen wie freie Wahlen, Rechtsstaatlichkeit und »Abbau der bürokratischen Planwirtschaft« bestehen müsse. Aber »mit Belehrungen von unserer Seite hat das nichts zu tun«. Vielmehr habe er, versicherte der Bundeskanzler, nur Fragen aufgeworfen, die augenblicklich auch in der DDR eine Rolle spielten. »Wenn ich heute die Diskussion zu diesem Thema – der künftigen Wirtschaftsordnung in der DDR – innerhalb der SED selbst verfolge«, so Kohl in seiner Rede vor dem Bundestag, »dann kann ich beim besten Willen nicht erkennen, dass derjenige, der das hier ausspricht, sich in die inneren Angelegenheiten der DDR einmischt.«

Kohl war darüber, was innerhalb der DDR-Führung diskutiert wurde, ziemlich gut informiert, denn die Bundesregierung hatte nach dem Abgang von Honecker und Mittag eine Vielzahl von Aktivitäten entwickelt, um über verschiedene Kanäle herauszubekommen, was die neue DDR-Führung vorhatte. Die Punkte 1–9 im Programm des Bundeskanzlers legen davon Zeugnis ab, dass sich Kohl sehr wohl hütete, in seinen Forderungen über das hinauszugehen, was auch in der DDR bereits öffentlich diskutiert beziehungsweise was intern zwischen Spitzenpolitikern der DDR besprochen wurde. Anders verhielt es sich mit Punkt 10. In Punkt 10 versicherte der Bundeskanzler den Abgeordneten des Bundestages: »Die Wiedervereinigung, das heißt die Wiedergewinnung der staatlichen Einheit Deutschlands, bleibt das politische Ziel der Bundesregierung.« Kohl betrachtete dieses Ziel jedoch als Fernziel.

Das Zehn-Punkte-Programm, das in vieler Hinsicht günstige politische Rahmenbedingungen für eine noch engere Wirtschaftskooperation mit der DDR setzte und damit ganz den Erwartungen der bundesdeutschen Wirtschaft entsprach, enthielt Bundeskanzler Kohls positive Antwort auf Ministerpräsident Modrows Angebot einer Vertragsgemeinschaft zwischen beiden deutschen Staaten. Damit war eine konkrete Grundlage für künftige Verhandlungen gegeben.

Die erste Begegnung beider Regierungschefs wurde für den 18./19. Dezember vereinbart. Ein Gespräch zwischen Kanzleramtsminister Seiters und Ministerpräsident Modrow am 5. des Monats diente der Vorbereitung der Zusammenkunft. Der Ablauf des Treffens in Dresden wurde der DDR-Regierung in allen Einzelheiten mit Seiters vereinbart. Auch dem Wunsch des Kanzlers, ihm Gelegenheit zu einem öffentlichen Auftritt zu geben, wurde entsprochen. Die bundesdeutschen Medien, aber auch die Geschichtsschreibung haben das Dresdener Treffen der beiden Regierungschefs weitgehend auf den Auftritt des Bundeskanzlers vor einer ihn bejubelnden, die Wiedervereinigung fordernden Menschenmenge vor den Ruinen der Dresdener Frauenkirche am Abend des 18. Dezember reduziert und den eigentlichen Ablauf des Treffens und seine Ergebnisse weitgehend ignoriert. Diesem Konsens der bundesdeutschen Zeitgeschichtsschreibung wird hier nicht entsprochen.

Am 19. Dezember begannen die eigentlichen Verhandlungen mit einem zweistündigen Vieraugengespräch von Kohl und Modrow im Appartement »Ludwig Richter« des Hotels *Bellevue*. Hans Modrow resümierte das Vieraugengespräch später so: »Wir erzielten volle Übereinstimmung, eine gemeinsame Willenserklärung über die Gestaltung einer Vertragsgemeinschaft abzugeben. Gleich nach dem Jahreswechsel sollten Verhandlungen darüber auf Ministerebene beginnen. Es war zu spüren, dass Kohl in der unbedingten Absicht gekommen war, freundlich zu sein und keinen Konflikt zu schaffen.« Auch Modrows Vorstellung, die Bundesregierung solle die Reformen in der DDR mit einem 15-Milliarden-Kredit als Lastenausgleich für zwischen 1945 und 1954 fast gänzlich von der DDR getragene Reparationsleistungen an die Sowjetunion unterstützen, ließ der Kanzler gelten. Kohl sprach lieber von einem »Solidarbeitrag«. Insgesamt habe sich der Bundeskanzler in Dresden »aufgeschlossen, nicht abweisend gezeigt«, resümierte der DDR-Ministerpräsident.

Das im Anschluss an die Vieraugen-Begegnung der beiden Regierungschefs in erweitertem Kreise, das heißt unter Hinzuziehung von Ministern der Bonner und der Ostberliner Regierung, fortgeführte Gespräch fand gleichfalls in einer aufgeschlossenen Atmosphäre statt. Zwischen beiden Regierungen bestünden zu vielen Punkten Meinungsverschiedenheiten, räumte Kohl einleitend ein: »Es gebe aber auch viel Gemeinsames.« Was seinen Zehn-Punkte-Plan betreffe, gab Kohl seine Eindrücke vom Gespräch mit Modrow wieder, so könne die DDR »wahrscheinlich – wenn auch mit anderen Formulierungen – bis auf einen Punkt (gemeint war Punkt 10, der Kohls Bekenntnis zur deutschen Einheit enthielt – J. R.) mit fast allem einverstanden sein«. Weiter erklärte der Bundeskanzler bezüglich der beabsichtigten deutsch-deutschen Vertragsgemeinschaft, »er sei bereit, die von beiden Seiten vorbereitete Absichtserklärung abzugeben, über das Thema Verhandlungen aufzunehmen und im Laufe des Frühjahres zu einem Abschluss zu kommen«.

Die Arbeiten an Konzeptentwürfen für eine Vertragsunion, über die beide Regierungschefs beim in Dresden vereinbarten Gegenbesuch von Modrow in Bonn Ende Januar/Anfang Februar 1990 verhandeln wollten, wurden seit Beginn des neuen Jahres, ganz wie in Dresden im

Vieraugengespräch vereinbart, in Ostberlin und Bonn vorangetrieben. Der Entwurf eines »Vertrags über Zusammenarbeit und gute Nachbarschaft zwischen der DDR und der BRD« war von der Regierung Modrow bis 17. Januar ausgefertigt. Nur einen Tag später, am 18. Januar 1990, lag auch ein Entwurf der Bundesregierung zu einem »Vertrag zwischen der Bundesrepublik Deutschland und der Deutschen Demokratischen Republik über Zusammenarbeit und gute Nachbarschaft« in Bonn vor. Die Papiere wiesen, wie von Kohl in Dresden bereits vorhergesagt, viel Übereinstimmung »in der Sache, nicht unbedingt in der Sprache« auf.

Beide Entwürfe schlugen zwecks Vertiefung der wirtschaftlichen Beziehungen zwischen DDR und BRD die Errichtung gemeinsamer Kommissionen und Institutionen zur Behandlung aller Lebensfragen vor. Im bundesdeutschen Entwurf wurde die »Zusammenarbeit und Annäherung in den Bereichen der Wirtschaft, der gemeinsamen Infrastruktur, des Umweltschutzes, des Rechts sowie im Arbeits- und Sozialwesen« als »besonders wichtig für die Entwicklung einer Vertragsgemeinschaft« bezeichnet (Artikel 2). Ähnliches war auch im DDR-Entwurf in den Artikeln 5–7 vorgeschlagen. Was die in Artikel 5 behandelte Ökonomie betraf, so stand im Mittelpunkt des DDR-Entwurfs die »Schaffung eines Wirtschaftsverbundes auf der Basis marktwirtschaftlicher Prinzipien, die in ihrer sozialen und ökologischen Orientierung auf das Wohl der Bürger ausgerichtet sind«. Das von der DDR während des vorangegangenen Vierteljahrhunderts mit größerer beziehungsweise geringerer Intensität verfolgte Ziel, zur Bundesrepublik aufzuholen, fehlte auch in dem auf die Entwicklung in den nächsten Jahren ausgerichteten Entwurf der DDR-Seite nicht. »Die vertragsschließenden Seiten«, so wurde im Artikel 5 formuliert, »streben an, die Bedingungen für die Lebensqualität in beiden deutschen Staaten anzugleichen.«

Wenn man die in Ostberlin beziehungsweise Bonn erarbeiteten Entwürfe miteinander vergleicht, dann schien es Mitte Januar 1990 so, als sei die Vertragsgemeinschaft zwischen beiden deutschen Staaten auf bestem Wege. DDR und Bundesrepublik hätten sich in ihren politischen und wirtschaftlichen Strukturen durch die Umwandlung der DDR von einer Diktatur in eine Demokratie, deren zukünftige Regierung durch freie Wahlen bestimmt werden sollte, und von einer Zentralplanwirtschaft in eine vor allem marktwirtschaftlich geprägte Ökonomie angenähert. Die weitere Annäherung würde sich stufenweise vollziehen und zu einem als Konföderation bezeichneten deutschen Staatenverbund (nicht Bundesstaat! – J. R.) führen.

Was die Wirtschaft betraf, so schien es, als ob sich die in Wirtschaftskreisen der BRD und DDR favorisierten Vorstellungen durchsetzen würden, während die eine unbedingte Umstellung auf das marktwirtschaftliche Modell der Bundesrepublik in der DDR befürwortenden Vorstellungen, wie sie im bundesdeutschen Finanzministerium entwickelt worden waren, ebenso wenig Chancen auf Verwirklichung zu haben schienen wie die auf die Aufrechterhaltung der vollständigen Souveränität der DDR in Wirtschaftsfragen orientierenden Überlegungen von Gruppierungen der Bürgerbewegung. Doch schon während des Januar 1990 wurde deutlich, dass die Voraussetzungen für das von beiden Staatschefs im Dezember in Dresden auf den Weg gebrachte langfristige Zusammenwachsen beider deutscher Staaten in der Realität nicht (mehr) gegeben waren.

Im Dezember hatte es noch so ausgesehen, als würde sich die DDR nach den Umbrüchen vom Oktober und November wieder konsolidieren. Die Bildung der Regierung Modrow, die sich als Koalitionsregierung der in der DDR existierenden politischen Parteien verstand, der Rücktritt des SED-Politbüros ebenso wie Bildung des Runden Tisches setzten politisch dafür Zeichen wie auch das deutsch-deutsche Gipfeltreffen in Dresden. Er gehe davon aus, dass er und der DDR-Ministerpräsident sich regelmäßig zusammensetzen, hatte der Bundeskanzler in Dresden erklärt. Kohl hatte sich geneigt gezeigt, Modrows Bitte um die Gewährung einer Finanzhilfe von 15 Milliarden DM zu entsprechen. Im Dezember hatten sich auch die Proteste auf der Straße vermindert. Die Industrieproduktion sank nur noch geringfügig – um weniger als ein Prozent gegenüber dem Vormonat. Die Arbeitsproduktivität erreichte fast – zu 99,7 Prozent – wieder das Niveau vom September 1989. Die Anzahl derjenigen DDR-Bürger, die ihr Land in Richtung Westen verließen, die unmittelbar nach dem Fall der Mauer emporgeschnellt war, blieb im Dezember zwar noch beachtlich, war aber deutlich – um 17000 oder ein Viertel – rückläufig.

Doch Zeichen für eine Konsolidierung setzten sich im Januar nicht fort: im Gegenteil! Streiks und Demonstrationen mehrten sich (wieder) bald nach Jahresbeginn 1990. Am 15. Januar demonstrierten allein in Magdeburg Zehntausende gegen die »Rückkehr der SED an die Macht«. Warnstreiks »gegen die Restaurierung alter Machtverhältnisse« und Demonstrationen fanden in verschiedenen Städten der DDR fast jeden Tag statt. Allein am 18. Januar demonstrierten 40000 in Dresden, 30000 in Gera. Nicht nur im Süden der DDR, auch in der Hafenstadt Rostock fand am gleichen Tag eine große Demonstration statt. Am 15. Januar hatten sich, einem Aufruf des Neuen Forums folgend, etwa 10000 Menschen vor dem (ehemaligen) Staatssicherheitshauptgebäude in der Normannenstraße in Berlin versammelt, um gegen den alten und den neuen

Sicherheitsdienst in der DDR (vom Volk als Stasi beziehungsweise Nasi bezeichnet) zu demonstrieren. Die Kundgebung entglitt rasch der Kontrolle der Veranstalter. Tausende stürmten das Gebäude. Nur mit Mühe gelang es Ministerpräsident Modrow und Vertretern des Runden Tisches, die herbeigeeilt waren, die Demonstranten von weiteren Zerstörungen abzuhalten. Das Erschrecken über diesen Vorgang war DDR-weit groß, wie empörte Briefe an das Neue Forum in den Tagen nach dem Sturm auf das »Stasi«-Gebäude zeigen. Darin hieß es unter anderem: »Wenn sie so weitermachen und nicht radikal, also sofort ihre Demolierungsdemonstrationen einstellen, schaffen sie den Bürgerkrieg.« Oder auch: »Wir wollen wieder Ruhe, Ordnung und Sicherheit, wie wir sie hatten. Uns reicht's jetzt!« Der Ausbruch von Gewalt war nicht mehr ungeschehen zu machen. Ob die »friedliche Revolution« friedlich bleiben würde, war seit den Ereignissen vom 15. Januar 1990 ungewiss.

Auch der DDR-Ministerpräsident schätzte Ende Januar rückblickend ein: Zwar sei »die Lage über Weihnachten und bis zum neuen Jahr relativ stabil gewesen«. Danach aber habe das öffentlich gewordene Ausmaß der Tätigkeit der Staatssicherheit bei der Bevölkerung schockartig gewirkt. »Jetzt überlegten doch die Menschen, was sie tun sollten. Die lokale Verwaltung zerfasere. Jedem Amtsträger werde etwas angelastet. Die Streiks und Demonstrationen erschwerten die Lage zusätzlich.« Nicht nur der Ministerpräsident sah das so. Walter Siegert, Finanzexperte und seit November Mitglied der Regierung Modrow, erinnert sich: »Die DDR war im Januar 1990 in eine so instabile Lage gekommen, in der das Ziel der Modrow-Regierung, die Krise aufzuhalten, nicht mehr zu erreichen war. Niemand konnte die weitere Eskalation der politischen Stimmung und ihre Folgen absehen.«

In diese kritisch gewordene Situation mehrten sich in der zweiten Januarhälfte die Zeichen, dass die Bundesregierung das Projekt Vertragsgemeinschaft nicht mehr ernsthaft verfolgte. Die Karten im Poker um die deutsche Einheit wurden neu gemischt.

6. Der Wende zur Deutschen Einheit zweiter Teil – Die Durchsetzung des Konzeptes »Währungsunion und Wirtschaftsreform« (Februar bis Juli 1990)

Als Kanzleramtsminister Rudolf Seiters am 25. Januar 1990 nach Berlin zum DDR-Ministerpräsidenten fuhr, brachte er keinen Vorschlag der Bundesregierung für eine Vertragsgemeinschaft mit und zeigte auch für die parallele DDR-Ausarbeitung keinerlei Interesse. Anstelle dieser beiden Papiere lag Thilo Sarrazins »Vorschlag zur unverzüglichen Einführung der D-Mark in der DDR im Austausch gegen Reformen« am 29. Januar 1990 dem Bundeskanzler vor. Am 31. Januar sprach Helmut Kohl erstmals öffentlich davon, dass »die letzte Stufe der deutsch-deutschen Einigung sehr kurzfristig und plötzlich erreicht werden könnte«. Am 4. Februar lud Kohls engster Vertrauter für Beziehungen zum Ausland im Bundeskanzleramt, Horst Teltschik, den Botschafter der USA, Vernon A. Walters, zu einem zweistündigen Gespräch ins Bundeskanzleramt und informierte ihn vorab, dass seitens der Bundesregierung vorgesehen sei, »nach den Wahlen am 18. März einen Vertrag über die Einheit zu schließen«. Zugleich versicherte Teltschik dem amerikanischen Botschafter, dass »eine Neutralisierung Deutschlands nicht in Frage komme. Deutschland werde in der NATO bleiben.« Am 7. Februar verkündete das Bundeskabinett seine Absicht, eine Wirtschafts- und Währungsunion mit der DDR zu schließen. »Das heißt, die DDR muss den Übergang von der sozialistischen Planwirtschaft zur Sozialen Marktwirtschaft zügig und konsequent vollziehen.«

Das Kabinett Modrow wurde von nun ab aus der Sicht

Helmut Kohls von einer Partner- zur Übergangsregierung. Das im Dezember in Dresden für Ende Januar/Anfang Februar vereinbarte Treffen der von Kohl und Modrow geführten Regierungsdelegationen, auf dem über die beiden in der ersten Januarhälfte erarbeiteten Vertragsgemeinschaftsentwürfe beraten werden sollte, hatte damit seine Funktion verloren. Kohl wollte jetzt nichts mehr von seiner Dresdener Versicherung, »Herr Modrow, Sie sind mein Gesprächspartner!«, wissen. »Das persönliche Gespräch zwischen dem Bundeskanzler und mir«, berichtete Hans Modrow über die Begegnung beider zur Einleitung des Treffens in Bonn am 13. und 14. Februar, »trug schon einen eher formellen Charakter, weil es auf den Inhalt des nachfolgenden Treffens im Rahmen beider Delegationen keinen Einfluss mehr hatte.«

Was hatte den Bundeskanzler veranlasst, vom Konzept »Vertragsgemeinschaft« zum Konzept »Wirtschafts- und Währungsunion«, vom schrittweisen Vorgehen auf eine Turbovereinigung umzuschwenken? Kohls spätere Aussagen dazu, sei es im 2000 veröffentlichten *Tagebuch*, sei es in auf Interviews mit ihm beruhenden späteren Publikationen, sind mit größter Vorsicht zu genießen. In Kohls Rückblicken sind die Verhandlungen mit Modrow in Dresden, auf denen die Ausarbeitung von Vertragsgemeinschaftsentwürfen beschlossen wurde, »damals im Prinzip ergebnislos verlaufen«. Das stimmt, wie bereits dargestellt, nachweislich nicht. Der Historiker ist so hinsichtlich der Motive Kohls für seine »Wende« bis heute weitgehend auf Mutmaßungen angewiesen. Fürchtete der Kanzler, Modrow, sein bisheriger Partner, würde sich nicht mehr lange im Amt halten können? In Bonn beobachtete man die Entwicklung in der DDR genau: Anfang Februar teilte Kohl, als er mit dem Bonn besuchenden polnischen Außenminister Skubiszewski konferierte, diesem laut Un-

terredungsprotokoll seine Besorgnisse über beider Nachbarland mit: »Bereits 30 Bürgermeister mittlerer Städte
seien davongelaufen, von 15 Bezirkspräsidenten einer.«
Inwieweit die in Bonn eingehenden Berichte über den Zustand der DDR der Realität entsprachen, sei dahingestellt.
Der Gedanke, die Verhandlungen über eine Vertragspart-
nerschaft mit einem Regierungschef zu führen, der kaum
noch Herr der Lage zu sein schien, ist nachvollziehbar.
Einen mit politischen Stabilitätsrisiken gespickten lang-
wierigen Annäherungsprozess zwischen beiden deutschen
Staaten, wie ihn die Vertragsgemeinschaft vorsah, auszu-
tauschen gegen eine rasche Währungsunion als unmittel-
bare Vorstufe zum Anschluss der DDR an die Bundesrepublik, dieses Argument erscheint, aus Kohls
Interessenlage beurteilt, keineswegs an den Haaren her-
beigezogen.

Der Verzicht auf die weitere Verfolgung der Vertragsgemeinschaft zugunsten einer schnellen Vereinigung, eingeleitet durch eine Währungsunion als Lösung für eine
augenblickliche Misere, konnte auch als Argument zur
Bewältigung eines zweiten Problems benutzt werden, das
Ostdeutschland im Januar destabilisierte: Vonseiten der
DDR-Regierung und auch des Runden Tisches nicht mehr
beeinflussbar, war offensichtlich die Zahl derjenigen
DDR-Bürger, die täglich der DDR in Richtung Bundesrepublik den Rücken kehrten. Bereits zwischen 9. November
und 31. Dezember 1989 hatten 119000 DDR-Bürger die
DDR verlassen. Auch im Januar ebbte der Übersiedlerstrom nicht mehr wie noch einmal im Verlaufe des Dezember ab, sondern schwoll erneut an. Die Flüchtlingszahl
lag mit 74000 um mehr als ein Drittel über der des Vor-
monats, sie übertraf sogar die vom November, des Monats
der Maueröffnung. Es waren fast 1800 DDR-Bürger, die
täglich in den Geltungsbereich der DM wechselten. Ein

Ende der Flüchtlingsinvasion war nicht abzusehen. Der Vorsitzende der Ost-CDU de Maizière sprach in einem Interview mit der *Welt* von zwei bis drei Millionen DDR-Bürgern, die »auf gepackten Koffern« säßen. Der Gedanke, dem Einströmen der Flüchtlinge in die Bundesrepublik durch eine mit der Übernahme der Westwährung in Ostdeutschland einzuleitende Vereinigung beider deutscher Staaten Einhalt zu gebieten, lag nahe. Das umso mehr, als viele Bundesbürger in den aus der DDR Ankommenden nunmehr lästige Zuwanderer sahen, die den Wohnraum verknappten, die Finanzdienstleistungen des Staates (unter anderem das Begrüßungsgeld) sowie dessen Sozialleistungen in Anspruch nahmen und, da sie in so großer Zahl auftraten, letztlich der einheimischen Bevölkerung auch Arbeitsplätze wegzunehmen drohten. Eine reibungslose Integration der massenhaft einströmenden Übersiedler in den westdeutschen Arbeits- und Wohnungsmarkt schien kaum mehr möglich, unabwendbar erschien die Überforderung der zuständigen Arbeits-, Sozial- und Wohnungsämter. Die westdeutschen Kommunen, die die finanzielle und materielle Hauptlast der Zuwanderung trugen, beschwerten sich als erste bei der Bundesregierung. Einige von ihnen begannen, ihren Ärger über den Flüchtlingsstrom zu demonstrieren. So ordnete die Stadt Köln im Februar 1990 die teilweise Nutzung ihres (offensichtlich überdimensionierten) Leichenschauhauses an, um dort Zuwanderer aus der DDR unterzubringen.

Helmut Kohl bemerkte sehr wohl die aus dem Einströmen von Ostdeutschen resultierende Unzufriedenheit der westdeutschen Bevölkerung und den drohenden Popularitätsverlust für die CDU, der in den anstehenden Wahlen zum Bundestag 1990 unter Umständen zur Abwahl Kohls führen konnte. Das schien umso wahrscheinlicher, als

Helmut Kohls potentieller Rivale um den Kanzlerposten in den Wahlen, SPD-Vize Oskar Lafontaine, eine »Beschränkung der Übersiedlung aus der DDR« forderte, um mit dieser populären Forderung Wähler für die SPD zu werben. Bereits Ende November 1989 hatte Lafontaine in einem Interview mit der *Süddeutschen Zeitung* die Abschaffung der seit der Gründung der Bundesrepublik gültigen gesetzlichen Vorschriften über ein auch für die Ostdeutschen geltendes »gesamtdeutsches« Staatsbürgerrecht gefordert, gemäß dem diejenigen DDR-Bewohner, die in die BRD einreisten, zu Bundesbürgern wurden, wenn sie dies begehrten. Der faktisch automatische »Zugriff auf die sozialen Sicherungssysteme der Bundesrepublik«, auf Arbeitslosengeld, Krankengeld, Kindergeld sowie Renten, sollte damit unmöglich gemacht werden. Die Aufkündigung der einheitlichen deutschen Staatsbürgerschaft war aus Lafontaines Sicht gerechtfertigt und geboten, weil die DDR sich im Ergebnis der Herbstrevolution anschickte, ein demokratischer Staat zu werden.

Kohl sah die Gefahr für die Fortsetzung seiner Kanzlerschaft und war bereit, dieser Gefahr durch eine grundsätzliche Veränderung der Rahmenbedingungen für die innerdeutsche Migration mit der Konzeption von »Währungsunion und Wirtschaftsreform« entgegenzutreten. Der Gedanke, dem Einströmen der Flüchtlinge durch eine mit der Übernahme der Westwährung in Ostdeutschland einzuleitende Vereinigung beider deutscher Staaten Einhalt zu gebieten, lag also auch aus diesen Gründen nahe. Er sei Anfang »Februar gezwungen gewesen, über Nacht zu handeln und die Wirtschafts-, Währungs- und Sozialunion anzubieten. Anderenfalls hätten wir bereits jetzt 500 000 Übersiedler aus der DDR zu verzeichnen gehabt«, verriet Helmut Kohl Ende Mai in einem vertraulichen Gespräch Vertretern einer Studiengruppe des US-Kongresses, die Deutschland bereiste. »Immer schon hätten sich des Kanzlers konzeptionelle Vorstellungen von Politik darauf beschränkt, die nächste Wahl zu gewinnen«, erinnert sein Biograph Jürgen Leinemann.

Sorgenvoll mag der Übersiedlerstrom den Bundeskanzler auch deshalb gestimmt und ihn bewogen haben, auf Abhilfe zu sinnen, weil er selbst innerhalb seiner Partei mit Konkurrenten um die Kanzlerschaft zu rechnen hatte. Kohl hatte es keineswegs vergessen: Im September 1989 war es auf dem CDU-Bundesparteitag in Bremen fast zu einer Palastrevolte gegen ihn gekommen, weil CDU-Funktionäre wie Lothar Späth und Rita Süssmuth damals glaubten, mit ihm als Kanzlerkandidaten die für den Herbst 1990 anstehenden Wahlen nicht gewinnen zu können. Da der Bundeskanzler sich bereits im Laufe des Januar entschieden hatte, Modrow nicht die von diesem geforderten und in Dresden fast zugesagten 15 Milliarden DM, ob nun als »Lastenausgleich« oder »Solidarbeitrag« bezeichnet, zur Ankurbelung der DDR-Wirtschaft auszuhändigen, diese also kaum aus der ökonomischen Misere herauskommen würde, blieb Kohl nur noch die Einführung der DM in der DDR als Möglichkeit, den für die Aussicht der CDU-Regierung auf einen Wahlsieg im Herbst kritische Ausmaße erreichenden Übersiedlerstrom durch die Einführung der DM als erste Stufe einer raschen Vereinigung zu stoppen oder wenigstens zu begrenzen. So oder ähnlich jedenfalls dürfte der Kanzler gedacht und entschieden haben.

Mit diesen Überlegungen korrespondiert die Einschätzung seiner Biographen, dass Kohl ein ausgesprochener Machtmensch war. Wiederholt ließ der Bundeskanzler in Interviews, so dem, das er der ARD anlässlich seines 85. Geburtstags im April 2014 gab, erkennen – wie es der Journalist Peter Richter formulierte –, »wie sehr er alles, die Partei, seine Weggefährten, die Familie, gar sich selbst und seine Gesundheit einem einzigen Ziel unterwarf, einem Zweck, der für ihn alle Mittel heiligte – der Machtausübung«.

Wenn Kohl sich mittels der Herbeiführung einer schnellen wirtschaftlichen und anschließenden politischen Einheit seine Kanzlerschaft langfristig sichern wollte, dann mussten die ostdeutsche Wirtschaftsleistung und das Realeinkommen seiner Bürger rasch dem des Westens Deutschlands angeglichen werden. Der Aufholgedanke fand sich daher nicht zufällig im Konzept »Wirtschaftsreform und Währungsunion« an hervorragender Stelle (Punkt 1 von 9), auch wenn davon ausgegangen werden musste, dass das »Realeinkommensgefälle von Fachleuten mit 50 Prozent angegeben wird«. Überwunden werden könne diese Kluft nur durch die Schaffung eines »gemeinsamen ordnungspolitischen Fundaments« in Ost- und Westdeutschland.

Am 7. Februar ließ Kohl seine neue Deutschlandpolitik vom Kabinett beschließen und öffentlich bekannt machen. Die Resonanz in der Bevölkerung war positiv, insbesondere in Ostdeutschland. 76 Prozent befürworteten gemäß einer von ostdeutschen Meinungsforschungsinstituten Anfang Februar vorgenommenen Befragung eine Vereinigung beider deutscher Staaten. Im November hatten sich 48 Prozent dafür ausgesprochen. Von den Befürwortern der Einheit plädierten 38 Prozent für eine sofortige Vereinigung, 43 Prozent waren gegen ein schnelles Vorgehen.

Für die Haltung der wichtigsten Oppositionspartei im Bundestag, der SPD, wird von der Zeitgeschichtsschreibung auf die Erklärung der stellvertretenden Vorsitzenden der SPD-Bundestagsfraktion Ingrid Matthäus-Maier und Wolfgang Roth vom 2. Februar hingewiesen, in der sie sich dafür ausgesprochen hatten, mit Verhandlungen über die

Herbeiführung der deutschen Einheit gleich nach den für März vorgesehenen Wahlen in der DDR zu beginnen »mit dem Ziel einer Währungsunion spätestens Anfang 1991«. Es gab seitens der größten Oppositionspartei im Bundestag jedoch auch andere Meinungen von Gewicht: In einer am 30. Januar 1990 in Bonn vorgestellten, für die Landtagsfraktion der SPD Niedersachsen von Werner Kamppeter von der Friedrich-Ebert-Stiftung angefertigten Studie, die, wie mir vom Autor versichert wurde, auch von Oskar Lafontaine positiv zur Kenntnis genommen worden war, wurde die Auffassung vertreten, dass »einer schnellen politischen und wirtschaftlichen Vereinigung der beiden deutschen Staaten gewichtige Gründe entgegenstehen«. Die Funktionsweisen der beiden Wirtschaften und der sie tragenden Institutionen seien zu unterschiedlich. Die DDR-Wirtschaft an das BRD-Modell anzugleichen, »ist außerordentlich schwierig und erfordert viel Zeit«. Zu rasch angestrebt, würde es »auf eine Kolonisierung der DDR hinauslaufen. Hier die Klugen und Reichen, da die armen Zurückgebliebenen.« Aus der DDR würde »ein Zonenrandgebiet bis zur Oder-Neiße«. Zonenrandgebiet lautete die Bezeichnung für den etwa 40 Kilometer breiten Gebietsstreifen der Bundesrepublik entlang der Grenze der DDR. In diesem Bereich hatte die wirtschaftliche Entwicklung nicht mit der im übrigen Bundesgebiet Schritt halten können. Durch eine »Zonenrandförderung«, durch Steuererleichterungen, verbesserte Abschreibungsmöglichkeiten usw. war strukturpolitisch mit geringem Erfolg versucht worden, die Nachteile der Grenzlage auszuschalten.

Mit den im Falle einer Transformation der DDR-Planwirtschaft in eine Marktwirtschaft anfallenden Problemen beschäftigte sich auch der »Sachverständigenrat zur Begutachtung der gesamtwirtschaftlichen Entwicklung« in einem am 20. Januar 1990 veröffentlichten Sondergutachten. Auch diese Wirtschaftsexperten sprachen sich gegen ein allzu rasches Vorgehen aus. »Für geraume Zeit kann es hingenommen werden, dass der Staat in manchen Bereichen unternehmerisch tätig bleibt«, argumentierten die Wirtschaftsweisen. Auf jeden Fall, erklärten sie, werde »die Übergangsphase sehr schwierig sein. Es gibt nirgendwo in der Welt abschließende Erfahrung mit einem Wechsel von der sozialistischen Planwirtschaft zur Marktwirtschaft.« Es sei daher »nicht möglich, alle sich hiermit verbindenden Probleme im Voraus zu benennen und für sie Lösungen vorzudenken. Damit, dass Schwierigkeiten auftreten, muss daher gerechnet werden.«

Wie alle anderen Bundesbürger auch erfuhren die Chefökonomen der bundesdeutschen Wirtschaftsforschungsinstitute von der Sitzung des Bundeskabinetts am 7. Februar, auf der die »Währungsunion mit Wirtschaftsreform« beschlossen worden war, erst aus den Medien. Der Vorsitzende des Wirtschaftsrates, Hans K. Schneider, rief daraufhin unverzüglich die Wirtschaftsweisen erneut zusammen. Sie diskutierten die nunmehr entstandene Situation. Schneider setzte ein Schreiben an den Bundeskanzler auf, das am 9. Februar per Telefax ans Kanzleramt übermittelt wurde. Darin hieß es: »Mit Besorgnis verfolgt der Sachverständigenrat die jüngsten Überlegungen, die auf die baldige Einführung der Währungsunion mit der DDR hindrängen. Die Währungsunion sollte nach unserer Auffassung nicht am Beginn stehen. Die Unternehmen der DDR werden schlagartig einer internationalen Konkurrenz ausgeliefert, der sie gegenwärtig nicht gewachsen sind.«

Um die zustimmende Reaktion der Modrow-Regierung auf Kohls Vorschlag für eine rasche Vereinigung beider deutscher Staaten mit einer Währungsunion behaupten zu können, wird in der Zeitgeschichtsschreibung vielfach auf Hans Modrows »Initiative ›Deutschland einig

Vaterland‹« von Anfang Februar 1990 verwiesen. Modrow schildert das Zustandekommen jenes Kabinettsbeschlusses so: »Wir betrachteten es als notwendig, die Stabilisierung der DDR mit einer stufenweisen Vereinigung der beiden deutschen Staaten zu verbinden.« Ende Januar hatte der DDR-Ministerpräsident die der »Initiative« zugrundeliegenden Überlegungen in Moskau dem Generalsekretär der KPdSU vorgestellt. Modrow berichtete darüber: »Gorbatschow bekannte offen, ähnliche Überlegungen habe man vor einigen Tagen selbst erörtert, daher komme seine spontane, positive Zustimmung.«

Doch die Zustimmung Modrows zu Kohls Vorstellungen einer raschen Vereinigung anstelle der in Dresden vereinbarten schrittweisen Annäherung beinhaltete dessen »Initiative« nicht. Vielmehr plädierte der DDR-Ministerpräsident für den »Abschluss eines Vertrages über Zusammenarbeit und gute Nachbarschaft als eine Vertragsgemeinschaft, die bereits wesentliche konföderative Elemente enthalten sollte, wie Wirtschafts-, Währungs- und Verkehrsunion sowie Rechtsangleichung«. Die »Initiative«, schreibt Modrow, »war kein Abrücken von dem Vorschlag der Vertragsgemeinschaft, sondern dessen konsequente Weiterentwicklung« und insofern ein Gegenstück zu Kohls Konzept »Währungsunion und Wirtschaftsreform«. Ein Blick auf den Inhalt des am gleichen Tag wie Modrows »Initiative« vom Ministerrat der DDR beschlossenen »Regierungskonzepts zur Wirtschaftsreform in der DDR«, das in der heutigen Geschichtsschreibung über die Vereinigung kaum erwähnt wird, bestätigt dies.

Das Regierungskonzept, das sich explizit auf die Regierungserklärung vom November 1989 berief, in der Modrow den »Übergang von einer zentralistischen Direktivplanung zu einer sozial und ökologisch orientierten

Marktwirtschaft« verkündet hatte, sah für das erste Halbjahr 1990 den »Beginn der Wirtschaftsreform als Stabilisierungsphase« vor. Im zweiten Halbjahr 1990 und 1991 sollten mit den Wirtschaftsreformen begonnen werden, Volkseigentum teilweise in privates, genossenschaftliches und halbstaatliches Eigentum (in Joint Ventures) umgewandelt und in der Planung die staatlichen Vorgaben »drastisch reduziert« werden. Die Entwicklung der Finanzbeziehungen gegenüber der BRD hatte die »Herstellung einer einheitlichen kommerziellen Kursrelation im Rahmen eines Währungsverbundes« zum Ziel. Bis dahin sollte bei der Bestimmung der Kursrelation von Mark der DDR zur DM von der Schutzfunktion der Wechselkursregulierung – der Auf- beziehungsweise Abwertung der nationalen Währung zur Unterstützung der Exporte – Gebrauch gemacht werden können. Für 1992 war dann der »weitgehende Übergang auf marktwirtschaftliche Verhältnisse« vorgesehen, für 1993 die »durchgängige Wirkung einer sozial und ökologisch orientierten Marktwirtschaft bei staatlich regulierten Rahmenbedingungen«.

Die ihr bis zu den Wahlen vom 18. März 1990 verbliebene Zeit nutzte die Regierung Modrow, um erste gesetzgeberische Voraussetzungen für die Durchführung der Wirtschaftsreform zu ergreifen. Dazu gehörte die Zulassung von Joint Ventures als Betriebe staatlichen und ausländischen privaten Eigentums sowie die Gründung einer Treuhandanstalt zur Reorganisation der volkseigenen Betriebe in der Weise, dass diesen ihre Geschäftätigkeit fortan auch unter marktwirtschaftlichen Bedingungen möglich war.

Der Wahlkampf in der DDR begann faktisch unmittelbar, nachdem der Beschluss des Bundeskabinetts zur Wirtschafts- und Währungsunion verkündet worden war. In der bundesdeutschen Zeitgeschichtsschreibung wird betont, dass es sich um die ersten freien Wahlen in der DDR handelte. Das ist gewiss richtig. Kaum vermerkt wird dagegen, dass die Volkskammerwahlen vom März 1990 alles andere als fair waren. Zwar hatten sich Mitte Februar die am Runden Tisch vertretenen Parteien und Organisationen auf eine faire Wahlkampfführung geeinigt und der Runde Tisch wenig später das Auftreten bundesdeutscher Politiker auf Wahlkundgebungen als Einmischung von außen abgelehnt. Jedoch hielten sich die bundesdeutschen Politiker nicht an dessen Gebot. Ihre prominentesten Vertreter – Helmut Kohl (CDU), Hans-Dietrich Genscher (FDP) beziehungsweise Willy Brandt (SPD) – warben auf Kundgebungen in fast allen größeren Städten der DDR für die hauptsächlich aus den ehemaligen Blockparteien CDU und LDPD gebildete »Allianz für Deutschland« beziehungsweise für die im Herbst 1990 in der DDR gegründete Sozialdemokratische Partei, für ihre östlichen »Schwesterparteien« also. Besonders intensiv mischte sich die CDU der Bundesrepublik in den Wahlkampf ein. Kanzler Kohl verbuchte auf seinen Auftritten den größten Zulauf. Knapp zehn Prozent der DDR-Bevölkerung (von 16 Millionen) wurden nach Schätzungen der CDU bei Veranstaltungen mit Kohl und anderen prominenten Christdemokraten aus der Bundesrepublik mobilisiert. Auch sonst sparte die CDU nicht mit ihrem Einsatz: 20 Millionen Flugblätter, fünf Millionen Exemplare *Zeitungen zur Wahl*, zwei Millionen Aufkleber, eine halbe Million Plakate wurden an die ostdeutsche Wählerschaft verteilt. Die bundesdeutsche CDU organisierte bis zum 16. März, dem Wahlkampfende, über 2 000 Rednereinsätze und entsandte 50 hauptamtliche Helfer in die DDR. In der *Zeitung zur Wahl* versprach sie im Falle eines Sieges der »Allianz für Deutschland«: »Wir beteiligen die Landsleute in der DDR unmittelbar an dem, was die Bürger der Bundesrepublik

Deutschland in jahrzehntelanger beharrlicher Arbeit aufgebaut und erreicht haben. Damit werden Startbedingungen geschaffen, die eine rasche Verbesserung des Lebensstandards der DDR ermöglichen.«

Die CDU wurde bei den Wahlen mit 40,6 Prozent der Stimmen der eindeutige Sieger. Die SPD gelangte mit 21,8 Prozent auf einen enttäuschenden zweiten Platz. Die aus der SED hervorgegangene PDS gewann 16,3 Prozent der Wählerstimmen, die Bürgerrechtsgruppierungen landeten weit abgeschlagen bei 2,9 beziehungsweise 2,0 Prozent.

Im Ergebnis der Wahlen wurde unter Ministerpräsident Lothar de Maizière (CDU) eine Regierung der Großen Koalition (Parteien der Allianz für Deutschland und SPD) gebildet. Sie erhielt bei der Abstimmung in der Volkskammer 265 der 385 Stimmen. 23 Ministerien wurden gebildet. Alle Minister stammten aus der DDR. In jedem Ministerium gab es neben den ostdeutschen Mitarbeitern Berater aus Westdeutschland.

In seiner Regierungserklärung vom 18. April 1990 bekannte sich der neue DDR-Ministerpräsident zur Wirtschafts- und Währungsunion und zur deutschen Einheit. Diese Einheit sollte so schnell wie möglich kommen, aber ihre Rahmenbedingungen müssten so gut, so vernünftig und so zukunftsfähig sein wie nötig. Besondere Aufmerksamkeit widmete de Maizière dem Tempo der Transformation der DDR-Wirtschaft von der Planwirtschaft in die Marktwirtschaft. Wie beim Eintritt von Spanien, Portugal und Griechenland in die Europäische Gemeinschaft »mehrjährige Übergangsregelungen zum Schutz ihrer eigenen Wirtschaft galten«, so der Ministerpräsident, »werden wir vergleichbare Schutzmechanismen mit der Bundesrepublik vereinbaren müssen. Bei der Übernahme des Wirtschafts- und Sozialrechtssystems der Bundesrepublik ist darauf zu achten, dass in Übergangszeiten die notwendigen Sonderregelungen getroffen werden.«

Darauf bauend waren die meisten von de Maizière, der von Beruf Jurist war, beziehungsweise Finanzminister Walter Romberg (SPD), einem Mathematiker, beziehungsweise von Wirtschaftsminister Gerhard Pohl (CDU) angesprochenen Wirtschaftsfachleute, die auf verantwortungsvollen Posten unter der Regierung Modrow mitgearbeitet hatten, wie Walter Siegert, bisher Staatssekretär im Finanzministerium, oder Siegfried Wenzel, Stellvertretender Vorsitzender der Staatlichen Plankommission, bereit, aufseiten der DDR-Expertenkommission an den Verhandlungen über die Wirtschafts- und Währungsunion mit Vertretern der Bundesregierung teilzunehmen. Diese wurden seit Mitte April intensiv geführt. Die Vertreter der DDR hielten es für notwendig, in einer Anlage zum auszuarbeitenden Staatsvertrag detaillierte Festlegungen zur Strukturanpassung in der DDR-Wirtschaft zu formulieren: Den Betrieben sollte zunächst einmal eine Atempause gewährt werden. Eine Überflutung der DDR mit Westwaren war zu verhindern. Darüber waren sich die aus dem DDR-Establishment kommenden mit neu eingestiegenen DDR-Vertretern in der im Auftrage der Regierung de Maizière verhandelnden deutsch-deutschen Expertenkommission einig.

Aber die Ostdeutschen saßen am kürzeren Hebel. Die Experten aus dem Westen lehnten die Einführung von Lieferkontingenten für westdeutsche Waren und andere schützende Maßnahmen, durch die den ostdeutschen Betrieben eine Anpassungsphase gewährt worden wäre, rundweg ab. Die Regierung de Maizière gab unter dem Druck der westdeutschen Experten aus der Regierung in Bonn und den westdeutschen Beratern in den Ostberliner Ministerien nach. Als am 18. Mai die Finanzminister Theo

Waigel und Walter Romberg in Bonn den ersten Staatsvertrag über die Schaffung einer Währungs-, Wirtschafts- und Sozialunion zwischen beiden deutschen Staaten unterzeichneten, war das im Bundesfinanzministerium ab Dezember 1990 entwickelte und vom Bundeskanzler Ende Januar 1990 übernommene Konzept vollständig durchgesetzt, waren die Modrowschen Reformen, aber auch die von de Maizière in seiner Regierungserklärung genannten Bedingungen für die deutsche Wirtschaftseinheit ad acta gelegt. Die DDR-Experten konnten kaum mehr als den einen Erfolg verbuchen: Statt »Währungsunion mit Wirtschaftsreform« hieß das Projekt nunmehr »Wirtschafts-, Währungs- und Sozialunion«.

Der Vertrag trat bereits am 1. Juli 1990 in Kraft. Die Mark der DDR wurde an diesem Tag durch die DM abgelöst. Ebenso wie die Währungs»union« verdiente die Wirtschaftsunion ihren Namen nicht. Es handelte sich nicht um den Versuch, Kompromisse zu machen. Die bundesdeutsche Wirtschaftsordnung mit Privateigentum, Freizügigkeit von Arbeit, Kapital, Gütern und Dienstleistungen, als »Soziale Marktwirtschaft« deklariert, trat am Tag der Währungsumstellung in Kraft. Haushalt, Finanzen, Steuern und Finanzverwaltung der DDR waren dem Recht der BRD anzupassen. Die Zollmauern gegenüber Westeuropa fielen, neue den Warenaustausch der DDR mit den RGW-Ländern Osteuropas behindernde Wirtschaftsgrenzen wurden im Osten bis Ende des Jahres aufgebaut. Die Sozialunion bedeutete die schrittweise Einführung der bundesdeutschen Arbeitsrechtsordnung, Sozialversicherung und Sozialhilfe in der DDR.

Mit dem Inkrafttreten der Währungsunion hatte der Bundeskanzler eines seiner Wahlversprechen, das er bei seinen Auftritten in Großstädten der DDR im Februar/ März vor zahlreich erschienenem Publikum gegeben hatte, erfüllt. Auch die Ostdeutschen waren nunmehr Besitzer von Westmark. Ein zweites seiner Wahlversprechen wiederholte Helmut Kohl am Tage der Unterzeichnung des ersten Staatsvertrages: Die mit der Einführung der DM gestartete Transformation von der Plan- zur Marktwirtschaft biete die Gewähr dafür, dass auch die zu Ostdeutschland gehörenden Regionen »bald wieder blühende Landschaften in Deutschland sein werden, in denen es sich für jeden zu leben und zu arbeiten lohnt«. Das konnte nur heißen und wurde allgemein auch so interpretiert, dass die Bundesregierung ab 1. Juli 1990, dem Beginn der Wirtschafts-, Währungs- und Sozialunion, alle Anstrengungen unternehmen würde, das Wirtschafts- und Wohlstandsniveau im Osten Deutschlands dem im Westen anzupassen. Exakte zeitliche Vorgaben für die Erreichung des Zieles wurden seitens der Bundesregierung öffentlich nicht gemacht, jedoch generell mit einem Zeitraum von wenigen Jahren gerechnet. Intern ist eine Befristung aber offensichtlich vorgenommen worden. Gemäß dem Protokoll eines Gesprächs des Bundeskanzlers mit Senatoren des US-amerikanischen Kongresses, die als »Studiengruppe Deutschland« am 29. Mai 1990 mit dem Bundeskanzler in Bonn zusammentrafen, verkündete Kohl: »In 3 – 4 Jahren werde die DDR ein blühendes Land sein.« Der Kanzler beeilte sich auch, in seiner »Erklärung« anlässlich der Unterzeichnung des Vertrages über die »Wirtschafts-, Währungs- und Sozialunion« im Palais Schaumburg in Bonn am 18. Mai 1990 eventuell durch die SPD-Agitation hellhörig gewordene westdeutsche Wähler zu beruhigen, indem er ihnen versicherte: »In der DDR geht es jetzt nicht um Geschenke, es geht um Hilfe zur Selbsthilfe. Dabei dürfen wir einander nicht überfordern. Die Menschen in Ost und West können sich darauf verlassen. Niemandem werden unbillige Härten zugemutet.«

Kolportiert worden ist diese Versicherung des Kanzlers von SPD-nahestehenden Kreisen, Kohl habe verkündet, die deutsche Einheit lasse sich »aus der Portokasse« bezahlen, das heißt, ohne zusätzliche Steuern zu erheben oder weitere Schulden zu machen. Denn mit der Einführung marktwirtschaftlicher Strukturen würde es im Osten einen ungeahnten Wachstumsschub geben, würde es zu einem zweiten deutschen Wirtschaftswunder kommen. Dessen war man sich in Regierungskreisen augenscheinlich sicher.

Doch woher nahmen der Kanzler und sein Finanzminister diese Sicherheit? Hatten nicht die prominentesten Vertreter des ökonomischen Sachverstands der Bundesrepublik vor einer raschen Währungs- und Wirtschaftsunion gewarnt, als die diesbezüglichen Pläne der Bundesrepublik Anfang Februar 1990 bekannt geworden waren? Die besten Kenner der DDR-Wirtschaft unter den bundesdeutschen Wirtschaftsexperten arbeiteten zweifellos im in Berlin-Zehlendorf ansässigen DIW. Am 8. Februar hatten diese DDR-Experten zur »Reform der Wirtschaftsordnung in der DDR und die Aufgaben der Bundesrepublik« erklärt: »Auch eine rasche politische Vereinigung oder eine Währungsunion beider deutscher Staaten würden die wirtschaftlichen Probleme nicht ändern.« Die Bundesrepublik hoffe, dass die DDR den Aufholprozess zum großen Teil allein bewältigt. Jedoch kann »ein eigenständiger Aufholprozess der DDR nur mit großer Beteiligung der Bundesrepublik gelingen«.

Nichtsdestotrotz behauptete Theo Waigel gegenüber dem Bundesrat, in dem es eine starke, gegenüber den Einigungsverhandlungen reservierte SPD-Vertretung gab, dass sich die Bundesregierung in ihrer Einschätzung der Folgen einer Wirtschafts-, Währungs- und Sozialunion auf die Expertise von Fachleuten stützen könne. Er verwies dabei auf ein fast 100 Seiten umfassendes Gutachten

»Vorteile der wirtschaftlichen Einheit Deutschlands«, das im März 1990 das Institut für Wirtschaftspolitik an der Universität Köln fertiggestellt hatte. In ihm hatten zwei Volkswirte und der Professor für Politikwissenschaften Hans Willgerodt dargelegt, wie für die DDR der Übergang von der Planwirtschaft zur Marktwirtschaft am günstigsten vollzogen werden könne. Sie wandten sich gegen »jede Art von drittem Weg zwischen Markt und Plan« und plädierten für eine hundertprozentige Einführung der Marktwirtschaft vom ersten Tage an. Denn »nach Öffnung der Grenze für den Freihandel mit der Bundesrepublik werden zahlreiche bisher die Produktion beeinträchtigende Engpässe aufgesprengt, weil es nicht mehr zu Produktionsstörungen wegen fehlenden Materials oder ausgebliebener Zulieferungen kommen kann. Die Motivation zur Leistung wird wiederbelebt werden, sogar bevor irgendeine Hilfe aus der Bundesrepublik oder ein Kapitalbetrag zugeflossen ist.« Die Bundesregierung hatte dafür gesorgt, dass dieses Gutachten kaum bekannter Wissenschaftler rasch publik wurde, in dem sie unter anderem dessen Vervielfältigung der Bundesdruckerei übertragen hatte.

Nicht nur der wirtschaftswissenschaftliche Sachverstand, auch die Geschichte wurde seitens der Bundesregierung bemüht, wenn von einem nach der Währungsunion in Ostdeutschland zu erwartenden »zweiten deutschen Wirtschaftswunder« die Rede war. Doch auch dieser Vergleich, der hinsichtlich der Folgen der Währungsunion optimistisch stimmen sollte, stand auf wackligen Füßen. Denn der mit der Währungsreform von 1948 in den Westzonen eingeleitete Übergang vom administrativ organisierten Bewirtschaftungssystem der Kriegs- und Nachkriegszeit zur Marktwirtschaft fand in einem Gebiet statt, das durch Zollgrenzen geschützt war und mit der DM über eine eigene Währung verfügte, deren Umtauschquo-

te zum Dollar entsprechend den Exportaussichten so fest-
gelegt wurde, dass sie für die westdeutsche Wirtschaft eine
Schutzfunktion erfüllen konnte. Beides aber fehlte der
DDR, als am 1. Juli 1990 die Währungsunion in Kraft trat.

Wenn man Kohl und Waigel nicht unterstellen will,
dass sie wider besseres Wissen ihre günstigen Prognosen
äußerten – und dagegen spricht Kohls gegenüber den
US-Senatoren intern gemachte Aussage über die Angleichung des Wirtschafts- und Wohlstandsniveaus Ostdeutschlands an das Westdeutschlands innerhalb weniger
Jahre –, dann bleibt für die Erklärung ihrer Haltung nur
noch der unbedingte Glaube der beiden an die jeglicher
Planwirtschaft haushoch überlegene marktwirtschaftliche
Ordnung, das heißt eine rein ideologische Begründung für
das anspruchsvolle Aufholziel.

Wieweit die Vorstellungen des Bundeskanzlers und seines Finanzministers der Realität der in Gang gesetzten
Transformation entsprechen würden, ob die Prognosen
der Regierung oder die Befürchtungen der Wirtschaftsforschungsinstitute sich erfüllen würden, sollte sich im ersten
Jahrfünft nach Inkrafttreten des ersten Staatsvertrags und
des von den Unterhändlern, Innenminister Wolfgang
Schäuble für die BRD und Staatssekretär Günther Krause
seitens der DDR, zwischen Juli und September 1990 aus-
gehandelten zweiten Staatsvertrags (Einigungsvertrag)
entscheiden. Gemäß diesem Staatsvertrag trat die DDR
dem Geltungsbereich des Grundgesetzes der Bundesrepublik Deutschland am 3. Oktober 1990 bei, und mit ihm
wurde in Ostdeutschland auch für die vom ersten Staatsvertrag noch nicht betroffenen Bereiche vom Rechts- bis
zum Bildungswesen die bundesdeutsche Ordnung eingeführt.

Von einem »Schnäppchen namens DDR« schrieb Günter Grass in einem Aufsatz am 5. Oktober 1990 in der *Zeit*.

Mit scharfen Formulierungen kritisierte er die vertane Chance einer wirklichen Wiedervereinigung. Stattdessen hätten »profitorientierte Kolonialherren« sich durchgesetzt. »Hässlich sieht diese Einheit aus. Den ohnehin Verletzten kränkt sie, dem Schwachen zeigt sie Härte«, beklagte der prominente Schriftsteller.

Doch die Mehrheit der Bevölkerung, sowohl in Ost- wie auch in Westdeutschland, sah die Vereinigung anders und honorierte folgerichtig die Politik des sich wieder zur Wahl stellenden Bundeskanzlers. Auf Kohls Union entfielen bei den Bundestagswahlen vom Dezember 1990 43,8 Prozent der Zweitstimmen, auf die Freien Demokraten 11 Prozent. Lafontaines Sozialdemokratie erreichte lediglich 33,5 Prozent. In den neuen Bundesländern war das Wahlergebnis noch eindeutiger. Im »Wahlgebiet West« kamen auf jede Stimme für die SPD anderthalb für die Regierungskoalition, im »Wahlgebiet Ost« sogar mehr als zwei. Eine (knappe) Mehrheit glaubte also an die Wiederholung des Wirtschaftswunders beziehungsweise an die Möglichkeit, die Kosten für den Anschluss der DDR an die Bundesrepublik »aus der Portokasse« bezahlen zu können. Doch die Existenz Deutschlands als einheitlicher Staat hatte im Dezember 1990 kaum begonnen, und die Zukunft musste zeigen, ob der Optimismus, den mehr als die Hälfte der Bevölkerung mit den Vertretern der Kohl-Regierung bezüglich des Aufholens der DDR bei Wirtschaftsleistung und Wohlstand teilten, gerechtfertigt war.

7. Anpassen müssen, um einholen zu können? – Eine Schocktherapie für die ostdeutsche Wirtschaft (1990–1995)

»Schocktherapie«, ursprünglich ein Begriff aus der Psychiatrie, war Anfang der neunziger Jahre unter Wirtschaftswissenschaftlern und -politikern eine weit verbreitete Vokabel. In der ersten Hälfte der neunziger Jahre konnte kein wissenschaftliches Buch über die Transformation von der Plan- in die Marktwirtschaft in den ehemals sozialistischen Ländern erscheinen, das nicht zu den Vorzügen und Nachteilen von Schocktherapie und Gradualismus Stellung nahm. Als wichtigste Felder der auf die eine oder andere Weise zu bewältigenden Transformation galten makroökonomische Stabilisierung, mikroökonomische Liberalisierung und grundlegende institutionelle Umstrukturierung, vor allem durch Privatisierung.

Unter Schocktherapie verstand man die gleichzeitige Durchsetzung möglichst vieler dieser Maßnahmen bereits in der ersten Phase des Transformationsprozesses, unter Gradualismus die Einführung der Reformmaßnahmen in mehreren zeitlich um Monate oder auch Jahre auseinanderliegenden Schritten. Als klassischer Fall, in dem das Transformationsmanagement der Regierung zu den Mitteln der Schocktherapie griff, wurde die sogenannte Balcerowicz-Reform in Polen angesehen, benannt nach Leszek Balcerowicz, Polens Finanzminister und Vizepremier 1989–1991. Als den klassischen Fall der graduellen Transformation betrachtete man dagegen die Reformpolitik der ungarischen Regierung. Balcerowicz selbst hat dagegen dem Autor gegenüber 1995 die Auffassung vertreten, dass es in keinem der osteuropäischen Staaten zur vollständigen Anwendung der Schocktherapie gekommen ist, mit einer Ausnahme – der DDR.

Von beiden deutschen Regierungen wurde der Begriff 1990 nicht verwendet. Die eingeleiteten Maßnahmen erhielten die euphorische Bezeichnung »Aufbau Ost« beziehungsweise »Aufschwung Ost«. Warum »Schocktherapie« in diesem Buch für das Transformationsmanagement dennoch benutzt wird, wird dem Leser anhand der Darstellung der wirtschaftlichen Entwicklung, die die DDR 1990–1995 nahm, verständlich werden. Aber auch zur Abgrenzung von den zunächst von beiden deutschen Staaten unter dem Banner der Vertragsgemeinschaft befürworteten schrittweisen Transformation von der Plan- zur Marktwirtschaft, die methodisch zweifellos dem Gradualismus zuzuordnen wäre, ist die Charakterisierung der mit der Wirtschafts-, Währungs- und Sozialunion eingeleiteten Umgestaltung der DDR-Ökonomie als Schocktherapie angebracht.

Vor allem aber sprachen die Tatsachen für sich. Eine Gruppe US-amerikanischer Wirtschaftswissenschaftler der University of California in Berkeley, darunter der spätere Nobelpreisträger für Ökonomie, George Akerlof, und die gegenwärtige Weltbankpräsidentin, Janet Yellen, die sich entschlossen hatten, dem unerhörten Ereignis der Ad-hoc-Einführung der Marktwirtschaft in einem jahrzehntelang durch die Planwirtschaft geprägten Land wie der DDR vor Ort beizuwohnen, konstatierte in einer nach ihrer Rückkehr in die USA Anfang 1991 in der renommierten wissenschaftlichen Zeitschrift *Brookings Papers of Economic Activity* veröffentlichten Analyse der ostdeutschen Transformation für den ersten Monat nach Vollzug der Währungsunion ein Absinken der Industrieproduktion in Ostdeutschland um mehr als ein Drittel. Gemessen am Monatsdurchschnitt des Jahres 1989 war die industrielle Erzeugung nunmehr fast halbiert (56,0 Prozent), im Oktober, dem Monat, in dem Ostdeutschland auch politisch Bestandteil der Bundesrepublik wurde, lag sie bei 49,5 Prozent, im Dezember bei 45,5 Prozent des 1989er Niveaus. Die Zahl der Beschäftigten im Kernbereich der ostdeutschen Wirtschaft, der Industrie, war gegenüber dem zweiten Quartal 1990 schlagartig um 184 000 gesunken. Zählte man Bauwesen, Transport und Nachrichtenwesen sowie den Handel hinzu, war die Arbeitslosigkeit sogar um 318 000 gestiegen. Täglich, Sonnabende und Sonntage eingeschlossen, waren im Juli 1990 10 000 Arbeitsplätze verloren gegangen.

Der wirtschaftliche Absturz in Ostdeutschland anstelle des erwarteten raschen ökonomischen Aufschwungs musste spätestens nach Auswertung der Wirtschaftsstatistiken für den Monat Juli auch in Bonn zur Kenntnis genommen werden. In einem offensichtlich in Eile, teilweise im Telegrammstil verfassten Informationsbericht vom 9. August 1990 an den Kabinettsausschuss »Deutsche Einheit« der Bonner Regierung, der allerdings längst mit der Ausarbeitung des zweiten, die politische Vereinigung zum Inhalt habenden Staatsvertrages beschäftigt war, musste der Staatssekretär im Wirtschaftsministerium, Otto Schlecht, einräumen: »Tiefgreifender Umstellungsprozess in allen Bereichen der Wirtschaft notwendig, kann nicht ohne zeitweilige schmerzhafte Reibungsverluste (z. B. Schließung von Betrieben, zeitweilige hohe Arbeitslosigkeit) abgehen und ist auch nicht von heute auf morgen zu bewältigen.« Die Industrie produzierte im dritten Quartal 1990 nur noch halb so viel (52,8 Prozent) wie im ersten. Man solle, schrieb Schlecht, aber ruhig bleiben. »Wer dies zum Anlass für Panikmache nimmt, zeigt nur seine Inkompetenz.« Zuversicht versuchte Schlecht bei den Mitgliedern des Kabinettsausschusses Deutsche Einheit mit dem abschließenden Satz seines Berichts zu wecken. »Schon im Verlaufe des nächsten Jahres wird wirtschaftlicher Aufschwung richtig in Gang kommen.« Aber ganz konnte der Staatssekretär den Ausschussmitgliedern gegenüber seine Besorgnis über negative Folgen des Inkrafttretens der Währungsunion doch nicht unterdrücken: »Eigentliche Strukturanpassungen stehen noch bevor.« Womit Schlecht recht haben sollte, und nicht nur, wie er Anfang August 1990 noch meinte, nur für ein paar Monate, sondern für weitere acht Quartale. Im dritten Quartal 1991 war die Industrieproduktion gegenüber dem Krisenniveau des dritten Quartals 1990 auf 63,1 Prozent abgesunken, bis zum zweiten Quartal 1992 nochmals auf 61,7 Prozent. Erst im zweiten Halbjahr 1992 setzte eine gewisse Erholung ein. Die Münchener Ökonomen Gerlinde und Hans-Werner Sinn, die die ersten waren, die in Deutschland eine Analyse zur Transformation in Buchform publizierten, konstatierten: »Die Schärfe der ostdeutschen Depression ist ohne Beispiel in der neueren Wirtschaftsgeschichte.«

An das versprochene rasche Aufholen der DDR-Wirtschaft gegenüber der bundesdeutschen war unter diesen Umständen nicht zu denken. Gemessen am Bruttoinlandsprodukt je Einwohner nahm der Abstand zwischen der Wirtschaftsleistung der Bundesrepublik und der DDR, der sich zwischen 1985 und 1989 um 1 Prozentpunkt vergrößert hatte, bis 1991 um 22 Prozentpunkte zu. Hatte im letzten vollen DDR-Jahr deren Wirtschaftsleistung 55 Prozent der bundesdeutschen betragen, so fiel sie 1991 auf 33 Prozent ab. Neben dem Absturz der DDR-Produktion ist dabei auch zu berücksichtigen, dass 1990 und 1991 für die Bundesrepublik (alte Länder) gute Konjunkturjahre waren, nicht zuletzt weil die westdeutschen Betriebe wesentliche Absatzmärkte in der Ex-DDR beziehungsweise in Osteuropa (ehemalige Exportmärkte der DDR-Betriebe) hinzugewannen.

Als wichtigste Umstrukturierungsmaßnahme der marktradikalen Reform in Ostdeutschland wurde die Privatisierung der volkseigenen Industrie angesehen. Die im März noch entsprechend den im Reformkonzept der Modrow-Regierung gegründete Treuhandanstalt (THA) war Mitte Juni 1990 in eine reine Privatisierungsanstalt umgewandelt worden. Die neue Aufgabenstellung machte aus der THA eine staatliche Verkaufsorganisation mit in der Geschichte bisher noch nicht dagewesener Aufgabenstellung: Eine ganze Volkswirtschaft sollte in kürzester Frist stückweise verkauft werden.

Die nunmehr dem Bundesfinanzministerium unterstellte THA nahm Anfang Juli ihre Arbeit auf. Bundesfinanzminister Waigel verlangte von ihr nachdrücklich, »schnelle Privatisierungserfolge zu erzielen« und durch den Unternehmensverkauf Geld einzuspielen. Edgar Most, der bekannte Banker mit DDR-Biographie, hielt den Druck auf eine rasche Privatisierung für falsch. Dadurch hätten »die Käufer den Wert bestimmt und nicht die Verkäufer«. Die im Interesse raschen Verkaufs gewährte Freistellung der Treuhandchefs von der Haftung für falsche Entscheidungen nannte Most einen »Vorschub für kriminelles Handeln«.

Selbst in den an Jahrestagen orientierten, an sich immer das Positive hervorkehrenden Rückblicken der Bundesregierung über die Herstellung der deutschen Einheit kommt die Treuhand nicht besonders gut weg. »An der Arbeit der Treuhandanstalt gab es viel Kritik, die auch bis heute nicht verstummt ist«, konnte man in der dem 25. Jahrestag der Herstellung der deutschen Einheit gewidmeten Nummer der vom Deutschen Bundestag her-

ausgegebenen Zeitschrift *Das Parlament* lesen. Der Haupt-
vorwurf lautete, überlebensfähige Unternehmen seien zu
schnell abgewickelt worden. Dabei sei es auch darum gegangen, unliebsame Konkurrenz etablierter West-Firmen
auszuschalten. »Tatsächlich«, gab das Blatt zu, »wurde bei
der Neustrukturierung der ostdeutschen Wirtschaft mit
harten Bandagen gekämpft. Neben Personen, die nur ihre
Machtposition verbessern wollten, gab es unseriöse
Glücksritter, an denen manch eine hoffnungsvolle Privatisierung scheiterte.«

Für die Belegschaften der betroffenen Betriebe beschwor derartiges Handeln der potentiellen Käufer Entlassungen und Arbeitslosigkeit herauf. Menschen, die im
Wahlkampf vom März 1990 zu Kundgebungen mit Kanzler Kohl gepilgert waren, womöglich diejenigen, die seinerzeit Plakate wie »Helmut, nimm uns an die Hand, zeig
uns den Weg ins Wirtschaftswunderland« getragen hatten,
zeigten sich durch das Wirken der Treuhand tief enttäuscht. Statt »Aufschwung Ost« müsse es eigentlich »Aus-
schwung oft« heißen, monierten manche. Die Betroffenen
begannen, sich ein Jahr später gegen die THA zu wehren,
gingen auf die Straße, fuhren von ihrem von der Stillle-
gung bedrohten Produktionsstandort nach Berlin und
demonstrierten vor dem Gebäude der Zentrale der Treuhandanstalt, die erst am Alexanderplatz und dann im ehemaligen »Haus der Ministerien« der DDR in der Leipziger
Straße untergebracht war. »Treuhand – Kohls Mafia in
Ostdeutschland« war nun auf den mitgebrachten Trans-
parenten zu lesen beziehungsweise: »Soll die Arbeitslosigkeit in den Bürgerkrieg führen? Dann weiter so.« Oder
auch »Vielen Dank Treuhand für die aktive Sterbehilfe«.

Helmut Kohl, dem Kanzler mit einem Gefühl für
Volksstimmungen, war es im Herbst 1990 noch gelungen,
die von der Treuhandanstalt mit Entlassung bedrohten

Werktätigen, die im März 1990 die »Allianz für Deutschland« gewählt hatten, für die Bundestagswahl im Dezember 1990, die ihm eine weitere Legislaturperiode sichern sollte, bei der Stange zu halten. Das dazu seit Mitte August benutzte Mittel hieß »Kurzarbeit Null«. »Kurzarbeit Null« bedeutete de facto hundertprozentige Arbeitslosigkeit. In der Statistik zählten die »Nuller« aber als Beschäftigte. Sie erhielten auch weiterhin ein vermindertes Kurzarbeitergeld, das sich im günstigen Falle auf bis zu 90 Prozent des Nettolohnes belaufen konnte. Das trug bei den Betroffenen zu Illusionen über ihre Situation bei, vor allem aber führte es zum Verkennen des Ernstes der Lage bei der vonseiten der zuständigen Regierungsinstitutionen mit Berichten über deutlich zu niedrige Arbeitslosenzahlen belieferten übrigen Bevölkerung. Kohl wurde wiedergewählt. Im Osten war sein Vorsprung gegenüber dem Kanzlerkandidaten der SPD, Lafontaine, ausgeprägter als im Westen der Bundesrepublik. Nach den Bundestagswahlen wurde dann die Zahl der »Kurzarbeit-Null-Beschäftigten« zügig abgebaut.

Für die nächsten Bundestagswahlen, die im Herbst 1994 turnusgemäß anstehen würden, kam »Kurzarbeit Null« als Sozialausgleich für von der Treuhandprivatisierung negativ betroffene Ostdeutsche also nicht mehr in Frage. Die Anstalt mit dem schlechten Ruf in der ostdeutschen Bevölkerung durfte es dann, so sah es jedenfalls der Kanzler, nicht mehr geben. Das bedeutete, dass die Treuhandanstalt das Privatisierungstempo weiter erhöhte, um rechtzeitig vor den Wahlen verkünden zu können, dass diese Ende 1994 ihre Arbeit beenden würde – was dann auch geschah.

Subventionsmittel, wie die zur Finanzierung von »Kurzarbeit Null« benötigten, konnten nicht »aus der Portokasse« beglichen werden. West-Ost-Transfers von Finanzmitteln spielten vom Tag der Währungsunion an eine weitaus größere Rolle, als ursprünglich gedacht und vor allem verkündet. Dass das so war, lag an dem gewählten Transformationsverfahren, der Einführung marktwirtschaftlicher Regulierung und privater Eigentumsverhältnisse auf dem Wege der Schocktherapie. Anfangs überstieg der Verbrauch in den neuen Bundesländern das – drastisch geschrumpfte – Bruttoinlandsprodukt erheblich.

Finanztechnisch vollzog sich der West-Ost-Finanztransfer erstens durch neugeschaffene Finanzierungsmöglichkeiten, wie den Fonds Deutsche Einheit (1990–2005) und den Solidarpakt I (1990–2004). Im Jahr 2001 wurde der Solidarpakt II beschlossen, dessen Zahlungen bis 2019 weiter geführt werden sollen. Da die Angleichung der wirtschaftlichen Leistungskraft und damit der Lebensverhältnisse bis heute im Osten ausgeblieben ist, da die neuen unter den Bundesländern überdurchschnittlich bedürftig sind, profitieren die NBL auch von bereits in der alten Bundesrepublik vorhandenen Umverteilungsmechanismen, vom Länderfinanzausgleich und von Sozialtransfers. Die Summe der Nettotransferleistungen für Ostdeutschland betrug 1990 umgerechnet 23,0 Milliarden €, stieg bis 1993 auf 73,3 Milliarden € an und lag 1994/95 bei etwa 50 Milliarden €. Die Transferzahlungen bewirkten in den neuen Bundesländern eine Expansion der Nachfrage und regten das durch die Schocktherapie stark gesunkene Wirtschaftswachstum wieder an. Immerhin stieg so die Bruttowertschöpfung des produzierenden Gewerbes, die 1991 einen Tiefpunkt erreicht hatte, 1992 und 1993 gegenüber dem Vorjahr jeweils um 9 bis 10 Prozent, 1994 sogar um fast 15 Prozent, 1995 noch einmal um 7,5 Prozent an.

Das ostdeutsche Gewerbe, schreibt der Finanzwissenschaftler Ulrich Busch, ist nicht Hauptadressat der Finanztransfers gewesen. Hauptsächlich »handelt es sich um Zahlungen für soziale und konsumtive Zwecke, den Sozialtransfers. Indem diese Mittel aber zu einem nicht unwesentlichen Teil zum Kauf westdeutscher Waren verwendet werden, wird ein den Finanztransfers komplettierender Realtransfer realisiert. Der Geldstrom von West nach Ost entspricht einem gleichgerichteten Güterstrom, der im Gegenzug dann wiederum – teilweise zeitversetzt – einen Geldstrom von Ost nach West auslöst.«

Den ökonomischen Nutzen aus diesen Zahlungen zog demnach in beträchtlichem Maße die Wirtschaft der alten Bundesländer. Das relative Wachstum der ostdeutschen gegenüber der westdeutschen Wirtschaft fiel deshalb deutlich bescheidener aus, als aufgrund der Transfers angenommen werden könnte. Gemessen am westdeutschen Niveau, wurden im Osten 1992 39 Prozent, 1993 46 Prozent und 1994 50 Prozent erreicht. 1995 war in den neuen Bundesländern mit 59 Prozent im Vergleich zum DDR-Wert von 1989 (55 Prozent) der Abstand zum Wirtschaftsleistungsniveau von Westdeutschland erstmals wieder erreicht und überschritten. Von der Warte des Einholens gesehen, handelte es sich beim »Aufbau Ost« bis 1995 also nicht um eine Zeit des Aufholens, vielmehr um eine Wiederherstellungsperiode. Gemessen an den 1990 von Bundeskanzler Kohl und Finanzminister Waigel gesetzten Zielen und Fristen (hundertprozentige Angleichung 1993 oder 1994), war das Ergebnis enttäuschend. Das Versprechen der »blühenden Landschaften«, das sich auf die West-Ost-Angleichung von Wirtschaftsleistung und Wohlstand in kurzer Zeit bezog, blieb unerfüllt.

Wie ging man seitens der politischen Klasse der Bundesrepublik mit dieser nicht zu leugnenden Tatsache um? Die Schuld an der völlig unzureichenden Konvergenz wurde auf die DDR-Wirtschaft geschoben. Die sei noch viel maroder gewesen, als man habe annehmen können, hieß es bei den für den Aufbau Ost Verantwortlichen. Die Treuhandmanager machten, wenn sie die ihnen anvertrauten Betriebe schlossen und abwickelten, in der Regel »Altlasten« aus DDR-Zeit dafür verantwortlich.

Man habe sich hinsichtlich der Wirtschaftskraft der DDR täuschen lassen, hieß es. Deren Wirtschaftsstatistiken seien gefälscht gewesen.

Derartigen Behauptungen war eigentlich bereits im April 1991 die Grundlage entzogen worden, als der Präsident des Statistischen Bundesamtes, Egon Hölder, nach mehrmonatigen Untersuchungen der Unterlagen der Statistischen Zentralverwaltung der DDR »konkret im produzierenden Gewerbe, im Einzelhandel und der Landwirtschaft« in einem Statement zum Gehalt der DDR-Statistik erklärte: »Das Ist-Ergebnis wurde streng kontrolliert und war weitestgehend richtig. Mit anderen Worten: Statistik zeichnete im Wesentlichen die Realität nach, der Plan folgte der Wirklichkeit.«

Von denjenigen Wirtschaftswissenschaftlern, Historikern und Journalisten, die die Wirtschaftsentwicklung in den neuen Ländern nach 1989 einschätzten, ist Hölders Statement beziehungsweise der ihm zugrundeliegende »Ergebnisbericht« kaum zur Kenntnis genommen worden. Im Archiv des Statistischen Bundesamtes gilt dieses Statement laut einer Mitteilung des Amtes aus dem Jahr 2003 an den Autor als »nicht auffindbar«.

Was in der Argumentationskette über die »katastrophale Lage« der DDR-Wirtschaft in ihren letzten Jahren noch fehlte, war das Eingeständnis, dass die DDR wirtschaftlich am Ende gewesen sei, durch prominente DDR-Wirtschaftsexperten selbst. Diese Rolle wurde dem »Schürer-Papier« zugedacht. Dabei handelte es sich um jene dem Leser bereits vorgestellte »Analyse der ökonomischen Lage der DDR nebst Schlussfolgerungen«, die im September/Oktober 1989 erarbeitet worden war und in der die Einschätzungen und Vorstellungen von prominenten Vertretern der DDR-Wirtschaftselite zusammengefasst worden waren. Der Vorsitzende der Plankommission, Gerhard Schürer, zeichnete als einer von fünf hochrangigen Wirtschaftsfunktionären für das Schriftstück verantwortlich. Teil I des Papiers beschäftigte sich mit »Hauptfakten der ökonomischen Lage der DDR«. Entsprechend dem Hinweis des kurzfristigen SED-Generalsekretärs Egon Krenz sollte die Analyse »schonungslos« sein. Im Papier war »von unmittelbar bevorstehender Zahlungsunfähigkeit« der DDR die Rede und davon, dass deren Verhinderung »eine Reduzierung der Konsumtion um 25 bis 30 Prozent erforderlich macht«. Als man 1992 begann, in den Medien aus dem »Schürerpapier« zu zitieren, war bereits bekannt, dass die Höhe der Verschuldung der DDR, von der die Verfasser im Oktober 1989 ausgingen, aufgrund fehlenden Einblicks in die Unterlagen des Bereichs »KoKo« von Alexander Schalck-Golodkowski bei weitem zu hoch angegeben waren. Die reale Schuldensumme betrug netto nicht, wie in der »Analyse«angegeben, 42,3 Milliarden DM, sondern 19,9 Milliarden DM. Diese Summe war das Ergebnis der Recherchen der Bundesbank. Sie blieb allerdings bis zum Ende der Kanzlerschaft Helmut Kohls unveröffentlicht. Nichtsdestotrotz wurde in den Medien das »Schürer-Papier« als Nachweis dafür, dass die DDR 1989 »bankrott« und ihre Wirtschaft »marode« gewesen war, gern zitiert. Auf diese Weise blieb der Bundesregierung erspart, zuzugeben, dass sie mit ihrer Schocktherapie das ostdeutsche Wirtschaftsdesaster der Jahre 1990 und 1991 wesentlich mitverschuldet hatte.

Abgesehen von der Schuldzuweisung an die DDR, bemühte man sich in der Öffentlichkeit den Eindruck zu erwecken, dass dank Privatisierung und dem Ersatz der plan- durch marktwirtschaftlicher Regulierung in den neuen Ländern ein rascher Aufholprozess eingesetzt habe. Aber wie wurde der Absturz der ostdeutschen Wirtschaft infolge der Schocktherapie behandelt, wird der unterrichtete Leser fragen! Es wurde getrickst: Man klammerte die Schockjahre aus, indem man als Ausgangsjahr für die Entwicklung in den neuen Ländern in den Statistiken der Bundesrepublik zur Wirtschaftsentwicklung nicht das Jahr 1989 als Vergleichsjahr nahm, an dem real die Fortschritte des »Aufbau Ost« zu messen waren, sondern man wählte das Jahr 1991 aus, in dem das Wirtschaftsniveau in Ostdeutschland als Resultat der Schocktherapie im Jahresergebnis seinen tiefsten Punkt erreicht hatte. Dieses Jahr einmal zum Ausgangspunkt gemacht, ging es in der Wirtschaft der neuen Länder nachweisbar jahrelang aufwärts, in absoluten Zahlen wie auch gemessen an der Wirtschaftsleistung der alten Bundesländer. Gestützt auf die derartig manipulierte Zahlenreihe, konnte die Kreditanstalt für Wiederaufbau, eine Bundesbehörde, in einer Studie den Aufbau Ost in den neunziger Jahren dann doch noch zum »zweiten deutschen Wirtschaftswunder« deklarieren.

Gegen den Mainstream der Interpretation hat es nicht nur unter den Wirtschaftswissenschaftlern aus dem Osten Einspruch gegeben. Einer der ersten prominenten Kritiker der Schocktherapie war Wilhelm Hankel, Wirtschaftsprofessor an der Universität Frankfurt/Main, der unter Kanzler Schmidt die Abteilung Geld und Kredit im Bonner Wirtschaftsministerium geleitet und auch als Währungsberater für die Europäische Union gearbeitet hatte. Er listete in seinem 1993 erschienenen Buch über die wirtschaftliche Wiedervereinigung »sieben Todsünden« auf, die darauf zurückzuführen seien, »dass man in Bonn geglaubt hat und noch immer glaubt, Geld- und Marktwirtschaft seien Selbstgänger«. Zu den Ausnahmen unter der Politprominenz gehört der Brandenburgische Wirtschaftsminister Albrecht Gerber, der 2015 ungeschminkt von der in seinem Bundesland vollzogenen »fast flächendeckenden Deindustrialisierung zu Beginn der 1990er Jahre« sprach.

Derartige Stimmen sind in der Politik bis heute selten geblieben. In den Wirtschaftswissenschaften allerdings versucht man heute nicht mehr, die durch die Schocktherapie bewirkte Deindustrialisierung Ostdeutschlands zu leugnen. Jedoch wird sie – anders als bei Hankel – als schicksalhaft hingestellt. Die Frage »War der Zusammenbruch vermeidbar?« stellte im Jahr 2009 rückblickend der Professor für Volkswirtschaftslehre Karl-Heinz Paqué in seinem Buch *Die Bilanz. Eine wirtschaftliche Analyse der deutschen Einheit* und beantwortete sie folgendermaßen: »Niemand kann das letztlich wissen, aber es fällt schwer, Alternativen zu ersinnen, die zu einem anderen Ergebnis geführt hätten.« Dieser Auffassung haben sich seitdem die meisten bundesdeutschen Wirtschaftswissenschaftler angeschlossen. So stellte auch Michael C. Burda von der »School of Economics« der Humboldt-Universität zu Berlin in seiner Veröffentlichung über die ostdeutsche Wirtschaft im 21. Jahrhundert im Jahr 2014 kategorisch fest: »Die Dezimierung der ostdeutschen verarbeitenden Industrie in den früheren 90er Jahren war unvermeidlich.«

Als unvermeidlich, ja wünschenswert angesehen wurde nicht nur die vollständige Angleichung der Wirtschaftsordnung in den neuen Ländern an die in den alten, sondern auch die Totalanpassung aller gesellschaftlichen Verhältnisse der Ex-DDR an die in der Bundesrepublik geltenden Normen. Im am 6. September 1990 von Wolfgang Schäuble und Günther Krause unterschriebenen Einigungsvertrag, der nach dem am 1. Juli 1990 in Kraft gesetzten Vertrag über die Wirtschafts-, Währungs- und Sozialunion ab 3. Oktober 1990 als zweiter Staatsvertrag Gültigkeit erlangte, wurde für die ehemalige DDR nicht nur die Rechtsangleichung (Kapitel III) geregelt, sondern auch »Arbeit, Soziales, Familie, Frauen, Gesundheitswesen und Umweltschutz« (Kapitel VII). Auf 130 Seiten wurde in der Anlage zum Vertrag penibel aufgelistet, welches Bundesgesetz ab 3. Oktober auch in Ostdeutschland gelten sollte und in welchen – wenigen – Fällen zeitweise noch Übergangsregelungen Gültigkeit haben sollten. Überhaupt nicht geprüft wurde, was in der DDR funktioniert hatte und übernehmenswert gewesen wäre. Das Überstülpen der bundesdeutschen Ordnung entwertete das Wissen der bisher in den Verwaltungen und im Justizwesen angestellten DDR-Bürger, erforderte beträchtliche Umstellungen im Erziehungs- und Gesundheitswesen. Das hatte personelle Konsequenzen, die in der ehemaligen DDR zu einem »Elitenaustausch« führten, wie es ihn in den Westzonen beziehungsweise der Bundesrepublik zu keinem Zeitpunkt gegeben hatte.

Die am 3. Oktober 1990 in Stellung befindlichen Staatsangestellten, ob in Verwaltung, Justiz, Armee, Erziehung oder Wissenschaft, wurden in einen Wartestand (»Warteschleife« genannt) versetzt und auf »persönliche Eignung« und fachliche Eignung für die Arbeit im umgestalteten Institutionensystem überprüft und endgültig gekündigt oder zu einer erneuten Bewerbung im Amt, an der Universität, an den Gerichten, in der Bundeswehr, für Kulturinstitutionen usw. zugelassen. Die Überprüfung vollzog sich allerdings, wie der Politologe Klaus von Beyme 1993 feststellte, in einer Atmosphäre der »Hexenjagd«, die kurz nach der Vereinigung eingesetzt hatte. Welche Chancen die DDR-Elite hatte, unter diesen Bedingungen den »Elitenaustausch« zu überstehen, dafür ein Beispiel aus dem

Justizwesen: Von den Richtern im »Beitrittsgebiet« blieben durchschnittlich nur 32,2 Prozent im Amt. Von der Gesamtzahl der Richter, die aus ihrer Funktion erst einmal entlassen wurden und sich erneut bewarben, gelangten nur 38,2 Prozent wieder in ihren Beruf.

In der Wirtschaft schien es für die Führungsschicht in den Kombinaten zunächst günstiger zu stehen. Wirtschaftskreise im Westen hatten, wie am Beispiel der Deutschen Bank behandelt, die Politik der Vertragsgemeinschaft mitgetragen, bestanden gegenüber der DDR-Seite nur darauf, dass Joint Ventures (auch mit ausländischem Mehrheitsanteil!) zugelassen werden. Nachdem die Regierung Modrow im Januar entsprechende Regelungen verabschiedet hatte, setzte eine intensive Kontaktaufnahme zwischen den »Wirtschaftskapitänen« von BRD und DDR ein. Die Kombinatsdirektoren waren seit Januar 1990 bestrebt, als Ansprechpartner für den BDI einen eigenen Industrieverband zu organisieren. Im März 1990 wurde das »Unternehmensforum« gegründet, geleitet vom Direktor des Eisenhüttenkombinats Ost (EKO), Karl Döring.

Die Atmosphäre änderte sich mit der Einführung der Wirtschafts-, Währungs- und Sozialunion ab 1.7.1990. »Im Juli 1990 schlug das anfänglich einvernehmliche Miteinander mit den bundesdeutschen Partnern plötzlich um«, schreibt Karl Döring in seinen Memoiren. »Wirtschaftsverbände und Bonner Politik waren an souveränen auf ostdeutsche Selbständigkeit abzielende Aktivitäten nicht (mehr) interessiert.« Das Unternehmensforum DDR verlor seine Daseinsberechtigung und stellte seine Arbeit zum 31. August 1990 ein. Von nun ab, schreibt Döring, »kam das Führungspersonal der Wirtschaftsverbände und Organisationen ausschließlich aus dem Westen. Damit waren alle Wege frei für die Übernahme des ostdeutschen Marktes durch westdeutsche Unternehmen.« Als letzter der Direktoren der 167 zentralgeleiteten Kombinate hatte Karl Döring als Vorsitzender der EKO-Stahl AG noch bis 1994 eine seiner früheren Funktion vergleichbare Managerposition inne.

Ähnliches wie bei den Richtern und Kombinatsdirektoren vollzog sich auch in anderen Bereichen der DDR-Gesellschaft. Eine 1995 von der Universität Potsdam durchgeführte Elitestudie stellte fest, dass der Anteil der DDR-Elite auf Bundesebene fünf Jahre nach der Herstellung der Einheit – gemessen am Bevölkerungsanteil Ostdeutschlands in jenem Jahr von 19,0 Prozent – stark unterdurchschnittlich war: Er betrug in der Kultur 12,9 Prozent, bei den Gewerkschaften 12,4 Prozent, in den Massenmedien 12,7 Prozent, bei den Wirtschaftsverbänden 8,1 Prozent, in der Wissenschaft 7,4 Prozent, in der Verwaltung 2,5 Prozent, in der Wirtschaft 0,4 Prozent und beim Militär 0,0 Prozent.

Von den in Zusammenhang mit der Herstellung der deutschen Einheit auf dem Wege der Schocktherapie sich vollziehenden Entlassungen bildeten die von Angehörigen der DDR-Eliten zahlenmäßig nur die Spitze des Eisbergs. In Ostberlin ging, im Vergleich zur Beschäftigtenzahl im Januar 1990, bis zum April 1992 zum Beispiel die Zahl der Beschäftigten im Werk für Fernsehelektronik von 9 300 auf 2 050 zurück, im Kabelwerk Oberspree von 5 800 auf 2 600, im Berliner Glühlampenwerk von 5 000 auf 1 773 – um nur die Flaggschiffe des für den Industriestandort Berlin charakteristischen Wirtschaftsbereichs Elektrotechnik-Elektronik zu nennen.

Überwiegend nahmen die Arbeiter und Angestellten, die in ihrer Mehrheit, auf Kohls Versprechen vom zu erwartenden ostdeutschen Wirtschaftswunder vertrauend, im März 1990 für die »Allianz für Deutschland« beziehungsweise im Dezember 1990 für die CDU gestimmt hatten, resignierend ihr Schicksal hin. Teilweise aber haben sie sich auch gegen Massenentlassungen – vor allem gegen drohende Betriebsschließungen – mit Streiks, Demonstrationen, Blockaden und mit anderen Formen des zivilen Ungehorsams gewehrt. Am bekanntesten ist der Hungerstreik unter Tage der Kumpel im Kaliwerk Bischofferode in Thüringen geworden. Über das vergleichsweise große Ausmaß des von der Zeitgeschichtsschreibung nur am Rande erwähnten ostdeutschen Widerstandes in den Jahren 1990 bis 1993 hat eine an der Universität Frankfurt/ Oder im Jahre 2000 herausgegebene Ländervergleichsstudie informiert. Gemessen an der Anzahl der »Vorfälle«, bezogen auf die Einwohnerzahl und Ungarn gleich 100 gesetzt, lag die »Protestintensität« in der DDR beziehungsweise Ex-DDR bei 114, in der Slowakei bei 79 und in Polen bei 56. Mit anderen Worten, sie war in der DDR etwas stärker als in Ungarn und lag beträchtlich höher als in der Slowakei und Polen. Das erwünschte Resultat brachte der Widerstand der ostdeutschen Betriebsbelegschaften in der Regel allerdings nicht. Selbst der Hungerstreik in der Kaligrube Bischofferode führte nicht zu dem angestrebten Erfolg. Einige Großbetriebe wurden jedoch von der Kohl-Regierung als »to big to fail« eingestuft, das heißt, sie wurden, da ihre Schließung seitens der Bundesregierung als ein zu großer politischer Schaden eingeschätzt wurde, der bei den Wahlen Stimmen kosten könnte, nicht dem üblichen Treuhandschicksal überlassen, sondern auf Staatskosten umstrukturiert. Für sie wurde auf Regierungsgeheiß seitens der THA die Strategie »Rettung der industriellen Kerne« entwickelt. Zu diesen »industriellen Kernen« gehörten zum Beispiel Produktionskomplexe des »Chemiedreiecks« um Halle wie die Leuna- und die Bunawerke beziehungsweise die Zeiss-Werke in Jena. Das blieben jedoch Ausnahmen.

Die Zahl der Arbeitslosen, die im zweiten Halbjahr 1990 in die Höhe geschossen war, wenn auch durch »Kurzarbeit Null« bis Ende des Jahres statistisch künstlich verkleinert und sozial abgedeckt, stieg 1991 ungebremst an – auf 913 000 im Jahresdurchschnitt. 1992 erhöhte sie sich noch weiter auf 1 170 000 und verblieb bis 1995 über der Millionengrenze. Gemessen an der Zahl der »abhängigen zivilen Erwerbspersonen« lag die Arbeitslosigkeit im Osten 1991 bei 10 Prozent und in den folgenden Jahren bis 1995 bei oder über 15 Prozent. Für Frauen lag die Quote bedeutend höher, ab 1992 generell bei oder über 20 Prozent. In den alten Bundesländern, die 1990 und 1991 den »Vereinigungsboom« erlebten, war die Arbeitslosenzahl in diesen Jahren halb so hoch wie in den achtziger Jahren und blieb danach beträchtlich geringer als in den neuen Bundesländern.

Die hohe Arbeitslosenquote im Osten ist umso bemerkenswerter, als viele Arbeiter und Angestellte, die dort ihre Anstellung verloren, auf Arbeitssuche in den Westen gingen. Die Zahl der Zuzüge in die alten Bundesländer erreichte 1991 mit einer Viertelmillion ihren Höhepunkt, lag in den folgenden Jahren aber weiterhin jährlich zwischen 160 000 und 170 000. Den Arbeitsmarkt Ost entlasteten auch fast eine halbe Millionen Pendler, vor allem aus Thüringen, die bis Ende 1991 Arbeit in den angrenzenden westlichen Bundesländern gefunden hatten, aber in ihrer Heimat wohnhaft blieben. Umso ernster ist die hohe Zahl der statistisch ausgewiesenen Arbeitslosen in den neuen Bundesländern zu nehmen. »Es gibt in der Wirtschaftsgeschichte Deutschlands keine einzige industrielle Strukturkrise, die in ihrer Wirkung auf die Beschäftigung auch nur annähernd die gleiche Wucht hatte«, stellte der Wirtschaftsprofessor Karl-Heinz Paqué, der zeitweise auch Finanzminister im neuen Bundesland Sachsen-Anhalt war, für Ostdeutschland 2009, auf die ersten Jahre nach der Währungsunion rückblickend, fest.

Fast jede Familie in der DDR war so von den Folgen der Schocktherapie und der Totalanpassung an bundesrepublikanische Gesellschaftsverhältnisse durch Arbeitsplatzverlust betroffen. Eine der bemerkenswertesten Reaktionen auf die dadurch in den Familien ausgelöste Unsicherheit und Ungewissheit um die Zukunft wird allgemein als »Geburtenstreik« bezeichnet, in der Bevölkerungsgeographie gelegentlich als »Vereinigungsrezession«. Sie verlief parallel zur durch die Schocktherapie ausgelösten ökonomischen Rezession in Ostdeutschland. Angesichts der immer mehr durcheinandergeratenen Lebensplanung wurden Heirat und Kinderkriegen »auf später« verschoben. Die Zahl der Geburten hatte in der DDR 1989 noch knapp 200 000 betragen. Sie sank innerhalb von zwei Jahren, das heißt bis 1991, auf fast die Hälfte (107 000). Hatte es 1989 nur ein geringes Geburtendefizit (Überschuss der Gestorbenen über die Geborenen) gegeben, so hatte sich dies 1991 infolge des Geburtenstreiks verdreizehnfacht. Ging es zunächst – immer noch in Erwartung der »blühenden Landschaften« – um einen Einbruch von ein oder zwei Jahren, so sank die Geburtenzahl auch im dritten Jahr der Einheit weiter ab – 1992 auf 88 000. 1994 erreichte sie mit knapp 79 000 ihren Tiefpunkt. Der Sterbeüberschuss lag in jenem Jahr bei 103 000.

Angesichts der Ernüchterung über den schwierig verlaufenden Transformations- und Vereinigungsprozess wurde die DDR rückblickend von vielen Ostdeutschen anders gesehen und beurteilt als zu den Wahlen im März oder Dezember 1990. 1994 rollte eine erste Welle der Rückbesinnung auf die guten Seiten der DDR, als »Ostalgie« bezeichnet, durch die neuen Bundesländer. Für die Bundesregierung unter Kanzler Kohl war – mit Blick auf die Ende 1994 anstehenden nächsten Bundestagswahlen – Gefahr im Verzuge. Doch konnte sie sich den Realitäten beim »Aufbau Ost« stellen? Es hätte für sie bedeutet, schwere Fehler im Vereinigungsprozess zuzugestehen und Alternativen offen zu diskutieren.

Die Bundesregierung dachte nicht daran, Schuld bei sich zu suchen. Schuld konnte nur das DDR-Erbe sein. Man entschied sich für eine verstärkte Verteufelung der DDR. Zu diesem Zweck wurden zwischen 1992 und 1998 zwei Enquete-Kommissionen des Deutschen Bundestages ins Leben gerufen, die das Leben in der DDR unter den Bedingungen der Diktatur umfassend beleuchten sollten. Für ausreichend finanzielle Mittel und reichlich Medienpräsenz wurde gesorgt. »Geschichtspolitisch« schreibt die Lüneburger DDR-Forscherin Christa Rudnick, »wurde der Fokus auf das Repressionssystem, Opposition und Widerstand sowie deutsch-deutsche Politik gelegt, die gesellschaftlichen Bereiche Kultur, Soziales und Wirtschaft wurden gezielt ausgespart und damit als nachrangig eingeschätzt. Bereits diese Themenwahl deutete darauf hin, dass es geschichtspolitisch darum ging, die DDR als Unrechtssystem zu delegitimieren.« Das Hauptinteresse der Enquete-Kommission habe darin bestanden, schrieb der Westberliner Wirtschaftssoziologe und DDR-Experte Manfred Wilke, »eine Zustimmung zur BRD zu forcieren und die Überlegenheit des freiheitlich-demokratischen Rechtsstaates herauszustellen. Die DDR sei weiterhin als Verlierer, die BRD als Nachkriegsgewinner eingestuft worden.« Eine öffentliche Diskussion über eventuell weiterhin brauchbare beziehungsweise wiederherzustellende Elemente der DDR-Strukturen zwecks Überwindung der bei der Transformation der Wirtschaft und der Oktroyierung gesellschaftlicher Regulierungsmechanismen entstandenen Probleme war unter diesen Voraussetzungen nicht möglich.

Wie aber blickten die politischen Initiatoren des »Auf-schwung Ost« mittels Schocktherapie, wie blickten Kohl und Waigel intern auf ihr Werk? Von ihnen selbst ist darüber kaum etwas zu erfahren. In seinen Tagebuchnotizen aus dem Jahre 1999 kritisierte Kohl seinen Nachfolger Gerhard Schröder, der erklärt hatte, in Ostdeutschland sei »der Übergang von sozialistischer Staatswirtschaft zur Marktwirtschaft nicht reibungslos verlaufen«, und notierte dazu : »Seine Feststellungen zielen an den wahren Problemen des Vereinigungsprozesses vorbei.« Es ist anzunehmen, die verantwortlichen Bundespolitiker glaubten tatsächlich, man habe in unzureichender Kenntnis des Ausmaßes des Verfalls der DDR-Wirtschaft den Zeithorizont für die Angleichung der Wirtschaftskraft des Ostens an die im Westen Deutschlands verkürzt gesehen, aber insgesamt seien das gesteckte Ziel für den »Aufbau Ost« richtig und die eingesetzten Mittel zweckmäßig gewesen. Für diese, auf die Ideologie der Marktwirtschaft als unbedingt überlegene (neoliberale) Wirtschaftsordnung basierende Auffassung spricht, dass auch während der kommenden Jahre von Kohls (in den Wahlen vom Herbst 1994 mit knapper Mehrheit bestätigter) fünfter Kanzlerschaft gegenüber den neuen Bundesländern eine Politik des »Weiter so« angesagt blieb.

8. Kein Einholen mit »Aufbau Ost« (1996–2015)

So sehr auch der Produktionseinbruch in der Wirtschaft Ostdeutschlands 1990–1992 allen Verkündungen der Bundesregierung über rasche Annäherung des ökonomischen Leistungsniveaus der neuen an die alten Bundesländer widersprach, so wenig wurde – zumindest offiziell – daran gezweifelt, dass die 1990 initiierte Politik des »Aufbau Ost« richtig sei und man sich nur hinsichtlich des Zeitpunktes geirrt habe. Am Aufholziel hielt der Kanzler fest, wenn er auch die Formulierung »blühende Landschaften« nicht mehr gebrauchte. Die Rekonvaleszenz der ostdeutschen Wirtschaft in den folgenden Jahren ließ hoffen: War auch das ostdeutsche Bruttoinlandsprodukt 1991 infolge der Schocktherapie gegenüber 1989 (= 100 Prozent) um fast ein Viertel gesunken, die Industrieproduktion sogar auf weniger als ein Drittel (28,9 Prozent) gefallen, so erreichte und überschritt das BIP 1994 und 1995 doch wieder den im letzten vollen DDR-Wirtschaftsjahr 1989 erreichten Wert, 1995 um 7,3 Prozent. Auch das Niveau der ostdeutschen Wirtschaftsleistung im Vergleich zu der Westdeutschlands, gemessen als Bruttoinlandsprodukt je Kopf, das von 1989 auf 1991 von 55 auf 33 Prozent abgesunken war, erholte sich wieder und überschritt 1995 mit 59 Prozent das DDR-Vergleichsniveau von 1989. Das war zwar immer noch viel weniger, als man im Bundeskabinett Mitte 1990 intern erwartet hatte, aber man glaubte sich doch nach Ablauf des ersten Jahrfünfts deutscher Einheit hinsichtlich der angestrebten Angleichung der Wirtschaftsleistung des Ostens an den Westen auf dem rechten Wege. »Aufbau Ost« beziehungsweise »Aufschwung Ost«, die am weitesten verbreiteten Bezeichnungen für das Aufholprogramm, wurden in der Politik und in den Medien wieder häufiger verwendet und populär. »Aufschwung Ost« war übrigens auch der Name eines rasch Verbreitung findenden Computerspiels, das eine deutsche Software-Firma 1993 entwickelte und erfolgreich auf den Spielemarkt brachte.

Doch bereits das nächste Jahrfünft (2006–2010) enttäuschte. Die Produktivitätskluft zwischen alten und neuen Bundesländern verminderte sich nur minimal (Vgl. Tab. 1). »Von Aufholen kann spätestens seit 1996 keine Rede mehr sein«, erklärte rückblickend der SPD-Politiker Claus Noé, Staatssekretär im Bundeswirtschaftsministerium, auf einer der Wirtschaftsentwicklung in den neuen Bundesländern gewidmeten Veranstaltung der Friedrich-Ebert-Stiftung im Januar 2001. Noé konnte es sich eher leisten, den Aufbau Ost kritischer zu betrachten als seine Vorgänger im Amt. Er gehörte der Regierung Schröder an, die Ende 1998 gebildet worden war, nachdem Kohl in den Bundestagswahlen mit seinem Versuch, sich in eine sechste Kanzlerschaft wählen zu lassen, gescheitert war – mit deutlichen Stimmenverlusten gegenüber 1994 vor allem im Osten. Weiter als der Wirtschaftspolitiker Noé in seiner kritischen Einschätzung des Aufbaus Ost ging auf der gleichen Veranstaltung der Wirtschaftswissenschaftler Gustav Horn vom Deutschen Institut für Wirtschaftsforschung. Er sprach von »geronnenen Fehlern der Vergangenheit«, die es zu korrigieren gelte, und forderte einen Schock: »Nur ein Schock könnte dazu führen, dass eine Umkehr stattfindet.« Doch dazu war auch die Regierung von Gerhard Schröder nicht bereit, jedenfalls nicht mehr, nachdem Finanzminister Oskar Lafontaine nach kurzer Amtszeit im Streit mit dem neuen Bundeskanzler zurückgetreten war.

Ans Einholen der alten Bundesländer durch die neuen

war im folgenden Jahrfünft nicht zu denken, wenn sich auch der Abstand zwischen Ost und West etwas schneller verringerte als im vorangegangenen Jahrfünft, von 40 Prozentpunkten im Jahre 2000 auf 34 im Jahre 2005. Doch für die Regierungen Schröder war das wirtschaftliche Aufholen des Ostens nie ein Top-Problem gewesen. Das galt und gilt auch für die 2005 ins Amt gekommene und 2009 und 2014 wieder ins Kanzleramt gewählte Angela Merkel, die aus den neuen Bundesländern kam und die ihre politische Karriere 1989/90 in der Bürgerbewegung der DDR begonnen hatte.

Bis zum Jahre 2010 erreichte die Wirtschaftsleistung im Osten etwas mehr als zwei Drittel derjenigen des Westens (69 Prozent). Das ohnehin geringe Aufholtempo endete zwischen 2010 bis 2014, als das Bruttoinlandsprodukt pro Kopf im Osten auf 67 Prozent der Wirtschaftsleistung des Westens zurückging. Mit anderen Worten: Es herrscht(e) im Aufholprozess Ostdeutschlands Stagnation.

Das ist insofern erstaunlich, als für den Osten, nachdem sich rasch herausgestellt hatte, dass sich seine Angleichung ans Westniveau nicht »aus der Portokasse« würde bezahlen lassen, beträchtliche finanzielle Hilfen organisiert worden waren, die sogenannten West-Ost-Transfers. Die Finanzierung erfolgte auf verschiedenen Wegen: über Steuererhöhungen, Umlagen über die Renten- und Sozialversicherung, durch Zahlungen der – wirtschaftlich generell stärkeren – westdeutschen Länder und Gemeinden, über Zuweisungen der Europäischen Union und durch Kreditaufnahme, das heißt Neuverschuldung des Bundes. Am bekanntesten geworden ist der im Rahmen des Solidarpakts I (mit zeitweiliger Unterbrechung) bis 1995 erhobene »Solidaritätszuschlag« und der bis 2019 geltende Solidarpakt II. Quelle dafür war eine (als Zuschlag bezeichnete) Erhöhung der Einkommens-, Kapitalertrags- und Körperschaftssteuer für alle Bundesbürger.

Den wichtigsten finanziellen Beitrag leistete im ersten Jahrzehnt der Solidarpakt, danach der Länderfinanzausgleich, der ursprünglich Zahlungen von den wirtschaftsstarken an die wirtschaftsschwachen Länder Westdeutschlands beinhaltet hatte. Nach der Herstellung der deutschen Einheit wurden die ostdeutschen Länder einbezogen. Im Jahre 1998 zum Beispiel transferierten die Geberländer Bayern, Baden-Württemberg, Hessen und Hamburg an die sechs übrigen westdeutschen Länder und Berlin sowie an die fünf neuen Länder einen Teil ihrer Steuereinnahmen. Die Höhe der Zahlungen an die westdeutschen Nehmerländer belief sich auf 1,6 Milliarden €, an die ostdeutschen auf 3,1 Milliarden €.

Die Transfers in die neuen Bundesländer waren nicht das Ergebnis einer planmäßigen langfristigen Förderung, sondern wurden nach Bedarf eingerichtet beziehungsweise aufgestockt. Hauptgrund für neue Transferprogramme beziehungsweise deren Verlängerungen war der entgegen allen Erwartungen der Regierungsverantwortlichen sich in die Länge ziehende, längst nicht die erwartete Geschwindigkeit erreichende und ab etwa 2005 stagnierende Aufholprozess. Von den Maßnahmen her bildet(e) der Ost-West-Transfer ein Flickwerk. Da die meisten den Transfers zugrundeliegenden steuerlichen Maßnahmen – wie zum Beispiel der Länderfinanzausgleich – sich nicht allein auf die alten Bundesländer beziehen, ist der Gesamtumfang der Zahlungen an die neuen Bundesländer nur zu schätzen. Diese Schätzungen schwanken zum Beispiel für den Zeitraum 1990 bis 2010 zwischen 1,3 Billionen € (IWH) und 1,5 Billionen € (DIW). Diese doch gewaltigen Summen waren wiederholt Anlass für Auseinandersetzungen innerhalb der Regierungen mit dem Finanzministerium, das als Hüter der seit der »neoliberalen Wende« in der Bundesrepublik Anfang der

1980er Jahre als Doktrin geltenden Sparpolitik und der propagierten Abstinenz von Steuererhöhungen für die Notwendigkeit, den Aufbau Ost aus dem Staatssäckel mitzufinanzieren, wenig Verständnis aufbrachte. Entsprechend der Spardoktrin sollten die Transfers möglichst bald reduziert werden, entsprechend dem Aufholgebot waren die West-Ost-Transfers unbedingt aufrechtzuerhalten. In den neunziger Jahren gingen drei Viertel dieser Aufbauhilfe in den Bevölkerungsverbrauch, vor allem als Sozialtransfers in die sozialen Sicherungssysteme und nur ein Viertel in Wirtschaftsprojekte, vorrangig in die Verbesserung der Infrastruktur im Bereich des Eisenbahn- und des Autobahnverkehrs.

Eine Stimmung, die West-Ost-Transfers zu kürzen, da sonst einem selbst weniger Mittel zur Verfügung ständen beziehungsweise die Zunahme der Staatsverschuldung für die gesamte Bundesrepublik Risiken berge, begann sich angesichts der »enormen« Transfersummen in den alten Bundesländern relativ rasch zu verbreiten. Gegen derartige Vorwürfe wurde seitens Vertretern der Regierung und von Wirtschaftswissenschaftlern immer wieder eingewendet, dass erstens auch die Ostdeutschen die auf der Basis von Steuern basierenden »Zuschläge« zu zahlen hätten und zweitens mit Hilfe der in den Konsum gehenden Zahlungen überwiegend Erzeugnisse westdeutscher Herkunft erworben würden. Bereits im September 1990 stammten zum Beispiel 90 Prozent des im Osten verbrauchten Früchtequarks, 81 Prozent der Weichspülmittel, 76 Prozent des Speisefetts und 41 Prozent des Speiseöls aus dem Westen. Ferner wurde auf Kostenreduktionen hingewiesen, die Ergebnis der Herstellung der Einheit waren – vom Wegfall des Begrüßungsgeldes für DDR-Bürger bis hin zur Einstellung der Zahlungen im Rahmen der Zonenrandförderung; von der Friedensdividende durch die möglich gewordene Reduzierung der Kosten für die Bundeswehr, deren Personalstärke von 495 000 auf 178 000 Mann vermindert werden konnte, ganz zu schweigen. Fazit: Die West-Ost-Transfers waren und sind netto also deutlich geringer als die brutto ausgewiesenen.

Die wichtigste Ursache der Netto-Transferzahlungen in Milliardenhöhe ein Vierteljahrhundert nach dem Beginn des wirtschaftlichen Transformationsprozesses besteht darin, dass der im Sommer 1990 proklamierte »Aufschwung Ost« sein wichtigstes Ziel, die »blühenden Landschaften« im Osten als Synonym für die Erreichung der gleichen Wirtschaftsleistung und des gleichen Wohlstandsniveaus wie im Westen, eindeutig verfehlt hat. Wie sind die Regierenden mit dem Scheitern des Aufholziels umgegangen? Das Thema war für die Regierungen von Kohl über Schröder bis Merkel von nicht geringer politischer wie ideologischer Brisanz. Politisch-programmatisch hatten sich alle drei Kanzler für die Aufholstrategie beziehungsweise ihre Fortsetzung entschieden und konnten daran, wenn sie sich wieder zur Wahl stellten, gemessen werden. Die ideologische Brisanz bestand und besteht darin, dass das Nichtaufholen die Omnipotenz marktwirtschaftlicher Regulierung in Frage stellt, von der diese drei Regierungsoberhäupter in ihrer Wirtschaftspolitik ausgegangen sind. Darüber hinaus wurde – insbesondere mit Hilfe der Enquete-Kommissionen der Regierung Kohl – die Auffassung verbreitet, dass die DDR historisch das von ihr verfolgte Konvergenzziel gegenüber der Bundesrepublik nicht erreicht hatte, nie erreichen konnte, weil sie auf der Basis des falschen Wirtschaftssystems – der ineffizienten Planwirtschaft – versucht habe, die Bundesrepublik auf dem Gebiet der Ökonomie einzuholen. Die Argumentation, dass das Nichterreichen des Konvergenzzieles durch die DDR allein beziehungsweise vor allem

systembedingt gewesen sei, musste allerdings an Schlag-
kraft verlieren, als sich herausstellte, dass der Osten auch
nach der radikalen Beseitigung des DDR-Wirtschaftssys-
tems und der totalen ordnungspolitischen Angleichung
der DDR an die BRD weiterhin nicht in der Lage war, rasch
aufzuholen. Wie war das dem Bundesbürger zu erklären?

»Einfach ignorieren«, lautete wohl die am häufigsten
zu beobachtende Argumentationspraxis. Mit dem Aufholen, wurde behauptet, gehe es stetig voran. »Der Aufbau
Ost ist insgesamt gelungen. Das Ziel gleichwertiger Lebensverhältnisse ist in vielen Bereichen erreicht«, hieß es
auch noch im »Jahresbericht 2015 der Bundesregierung
zum Stand der deutschen Einheit«, den die Ostbeauftragte der Bundesregierung, Iris Gleicke, herausgab. Über ein
»beachtliches Aufholwachstum in den neuen Ländern«
konnte man in ihrem Bericht nachlesen. »Wir haben in
den vergangenen 25 Jahren viel erreicht und können darauf stolz sein, und den Rest schaffen wir auch noch«, erklärte Frau Gleicke in einem Interview für die vom Bundestag herausgegebene Zeitschrift *Das Parlament* im
August 2015. Um die Entwicklung Ostdeutschlands im
Vierteljahrhundert nach der Vereinigung im besten Licht
erscheinen zu lassen, wies sie noch einmal darauf hin, »wie
marode die meisten unserer (ostdeutschen) Unternehmen
waren«, als mit den Förderprogrammen begonnen wurde.
Nicht an Tatsachen hielt sich Frau Gleicke in besagtem
Interview, wenn sie erklärte: »Wir sind 1991 bei gut 30
Prozent der westdeutschen Wirtschaftsleistung gestartet
und liegen jetzt bei mehr als 60 Prozent. Das ist eine Verdoppelung.« Das Startjahr für den »Aufbau Ost« war bekanntlich 1990, und der Ausgangspunkt fürs Aufholen,
das 1989 von der DDR erreichte Konvergenzniveau, lag,
wie das Kölner Zentrum für sozialhistorische Forschung
errechnet und bereits 2005 erstmals publiziert hatte, bei

55 Prozent. Nach den im Frühsommer 2015 vorliegenden Berechnungen des Instituts der deutschen Wirtschaft, Köln, waren beim Aufholen 2014 in den neuen Ländern 67 Prozent des Niveaus der alten erreicht. Das bedeutet einen Zuwachs von 22 Prozent. Um nicht einmal ein Viertel hat sich demnach die Wirtschaftsleistung Ostdeutschlands der Westdeutschlands angenähert statt der behaupteten Verdoppelung.

Natürlich bestehen die Ausführungen von Iris Gleicke nicht nur aus Lobgesängen für den Aufbau Ost, es finden sich im Interview der Ostbeauftragten auch nüchterne Einschätzungen und auch kritische Hinweise. Aber sie gehen unter in dem grundlegend von Zufriedenheit über die Förderpolitik und Stolz auf das Erreichte strotzendem Interview.

Die Erklärung des Jahres 1991 zum Ausgangsjahr für die Messung des »Aufschwung Ost« ist übrigens keine Erfindung der Ostbeauftragten, sondern weit verbreitet, natürlich auch in der Publizistik. Dabei wird (absichtlich?) ignoriert, dass die Werte für jenes Jahr die Resultate der Schocktherapie widerspiegeln, mit deren Hilfe die planwirtschaftlichen Lenkungsstrukturen und Eigentumsformen durch marktförmige abgelöst wurden. Mit dieser »Therapie« wurde eine Politik ausgeprägt neoliberalen Denkens realisiert, die man nun beim besten Willen der DDR nicht anlasten kann.

Diffiziler war eine andere »Korrektur« der sich selbst gestellten Anforderungen mit dem Ziel, nachzuweisen, dass der »Aufschwung Ost« doch ein Erfolg war. Die Rede ist von der Änderung der im Grundgesetz der BRD verankerten und ab 1990 auch für das gesamte Deutschland geltenden Zielsetzung, in allen Regionen Deutschlands gleiche Lebensbedingungen herzustellen. Die Zielstellung »Wahrung der Einheitlichkeit der Lebensverhältnisse«

wurde im Grundgesetz durch den Passus »Herstellung gleichwertiger Lebensverhältnisse« ersetzt, den auch Iris Gleicke in ihrem Interview, aus dem bereits zitiert wurde, benutzte. Mit diesem Kunstgriff war eine exakte Überprüfung des erreichten Standes der Annäherung der Arbeits- und Lebensbedingungen in Ost und West erschwert, wenn nicht gar unmöglich gemacht.

Was den konkreten Zeitpunkt für die Erreichung gleicher Lebensverhältnisse in Ost und West betrifft, so wurde dieser, als erkennbar wurde, dass die Zielstrecke zu kurz angegeben war, unter der Hand immer wieder hinausgeschoben. Aus Kohls öffentlichen Versprechen vom Mai 1990, mittels der Transformation im Osten »bald wieder« die oft zitierten »blühenden Landschaften« zu schaffen, aus seiner internen Versicherung, dass dieses Ziel »in 3 – 4 Jahren« zu erreichen sei, wurde so ein bewegliches Zieldatum. Aus ein paar Jahren sind inzwischen einige Jahrzehnte geworden. »Der Glaube, alle Folgen (der DDR-Planwirtschaft) in 25 Jahren beseitigen zu können«, erklärte die Ostbeauftragte der Bundesregierung 2015, sei »ein Trugschluss« gewesen, hütete sich aber ein neues Datum zu nennen.

Wenn auch das ursprünglich fixierte Ziel (bei weitem) noch nicht erreicht sei, so wurde angesichts des 25. Jahrestages der Vereinigung seitens der Bundesregierung in rückblickenden Einschätzungen argumentiert, sei aber der Aufwand, den man in Richtung der Erreichung dieses Zieles betrieben habe, auf jeden Fall lobenswert. Man müsse doch zunächst einmal festhalten, »dass ein gewaltiger Kraftakt angegangen worden ist«, stellte bereits anlässlich des zehnten Jahrestages der Vereinigung ein aus Westdeutschland nach Sachsen-Anhalt gekommener Staatssekretär fest.

Wenn die objektiv messbaren Ergebnisse zu wenig hergeben, dann kann man sich beim Vorzeigen von Erfolgen notfalls noch mit subjektiven Meinungen trösten. »In einer Studie, die ich neulich in Auftrag gegeben habe«, verriet Iris Gleicke ihrem Interviewer vom *Parlament,* »gibt es eine schöne Zahl: 77 Prozent der Ostdeutschen haben die Wiedervereinigung als persönlichen Gewinn bezeichnet und 62 Prozent der Westdeutschen. Da gleicht sich etwas an.« Tja, so kann man die Angleichung von Lebensverhältnissen notfalls eben auch feststellen!

Unbeantwortet blieb im besagten Interview mit der Ostbeauftragen die Frage, warum es auch nach zweieinhalb Jahrzehnten im Osten Deutschlands nicht zu »blühenden Landschaften« gekommen ist. Man muss, wenn man das Gleicke-Interview beurteilt, allerdings auch bemerken, dass die Frage vom Interviewer gar nicht gestellt wurde. Tatsächlich ist das Thema zum 25. Jahrestag der Vereinigung von Vertretern der Regierung im anscheinend stillen Einvernehmen mit den Medien überhaupt nicht aufgeworfen worden. Wir wollen uns ihm ungeachtet dessen widmen!

Günter Mittag, der wie kaum ein anderer die DDR-Planwirtschaft kannte und der, als er seine Memoiren 1991 schrieb, zu wissen meinte, warum sie der bundesdeutschen Marktwirtschaft unterlag, war optimistisch, dass die Wirtschaft Ostdeutschlands nach vollzogenem Systemwechsel beim Aufholen gute Chancen haben würde, wenn auch »nicht von heute auf morgen«. »Jetzt bestehen«, schrieb er zum Abschluss seines Memoirenbandes, »durch die weltweite Einbindung in die internationale Arbeitsteilung auf der Grundlage einer der stärksten Währungen der Welt reale Chancen, diese Rückstände wettzumachen.« 1996, fünf Jahre später, grübelte sein ehemals engster Mitarbeiter, Claus Krömke: »Obwohl die ideologischen Dogmen und Tabus sowie das Gestaltungsmonopol der Bündnisvormacht (gemeint ist die Sowjetunion – J. R.) nicht mehr bestehen, erweist sich der Weg zu einer lebendigen und auf den Markt orientierten Ökonomie, in der der Erfolg der Betriebe an der Rentabilität gemessen wird, jedoch als weit schwieriger als angenommen. Das System ist weg und trotzdem geht es so schwer vorwärts. Nahezu ein Paradoxon. Es ist, als wenn man sich in einer historischen Sackgasse befindet.«

Tatsächlich ist der Frage, warum die Annäherung der Wirtschaftsleistung der neuen an die der alten Länder sich in den zwei Jahrzehnten nach der Schocktherapie und der Wiederherstellung einer funktionsfähigen Wirtschaft im Osten Deutschlands, nunmehr auf marktwirtschaftlicher Basis, auch nur langsam vollzogen hat und seit einem Jahrzehnt stagniert, seitens der für den Aufbau Ost Verantwortlichen nie ernsthaft nachgegangen worden, bestenfalls wurde das Problem gestreift. Die Regierungen der neuen Bundesländer, die mit Ausnahme der Infrastrukturprojekte im Bereich von Eisenbahn und Autobahn, bei denen die Bundesregierung bestimmte, für die aus den Fördermitteln bezahlten Wirtschaftsprojekte verantwortlich zeichneten, hätten nicht genügend Erfahrung gehabt und teilweise Projekte von großer regionaler Bedeutung in den Sand gesetzt, heißt es. Das ist schon richtig. Die brandenburgische Landesregierung hat einmal selbstkritisch eine Reihe solcher Investitionsvorhaben aufgeführt, darunter die Vorhaben, eine Chipfabrik in Frankfurt/Oder und eine Fabrik für Transport-Luftschiffe aufzubauen (»Cargolifter«). Auch die Tatsache, dass die fünf ostdeutschen Landesregierungen die von ihnen finanzierte Investitionspolitik nicht abgestimmt hätten, wurde bemängelt. Mit Argumenten wie diesen kann am sich als äußerst hartnäckig erweisenden ökonomischen Rückstand einiges, aber keineswegs alles erklärt werden.

Von kritischen Begleitern des Vereinigungsprozesses am häufigsten wird als Ursache für das verzögerte und letztlich ungewiss bleibende Einholen der westdeutschen Wirtschaftsleistung im Osten darauf hingewiesen, dass das Bundesfinanzministerium, im ständigen Dilemma zwischen der keynesianistisch inspirierten Förderung von Investitionsvorhaben, die die Nachfrage nach Arbeitskräften in den an hoher Arbeitslosigkeit leidenden neuen Ländern steigern sollen, und der neoliberalen Zwangsvorstellung, dass der Staat sich aus der Wirtschaft möglichst heraushalten solle, insgesamt zu wenig Fördermittel für den Aufbau Ost bereitgestellt hätte.

Anlässlich des 25. Jahrestages der Vereinigung befragt, »warum die ostdeutsche Wirtschaftskraft noch immer dem Westen hinterherhinke?«, antwortete die Ostbeauftragte der Bundesregierung, Iris Gleicke, im August 2015: »Dass die Wirtschaftskraft im Osten noch um ein Drittel niedriger ist als die westdeutsche, ist natürlich ein Problem. Das liegt aber nicht daran, dass die Ostdeutschen fauler oder etwa dümmer wären, sondern hat vor allem mit der Kleinteiligkeit der Wirtschaft zu tun. Wir haben im Osten eben keine Konzernzentralen und große Unternehmen.« Warum das so ist, wurde von Iris Gleicke nicht hinterfragt.

Fragt man sich, was die ostdeutschen Industriestrukturen sowohl von den westdeutschen, aber auch von denen mittelosteuropäischer Staaten wie Polen, die die wirtschaftliche Wende offensichtlich besser bewältigt haben, unterscheidet, so drängt sich eine Antwort förmlich auf: Die ostdeutsche Wirtschaft ist eine »Branch-plant economy«. Dabei handelt es sich um einen in den angelsächsischen Ländern seit den achtziger Jahren häufig verwendeten Begriff zur Charakterisierung einseitig strukturierter Volkswirtschaften. Branch-plants, wörtlich übersetzt

»Zweigbetriebe«, entsprechen in vieler Hinsicht dem Begriff »verlängerte Werkbänke«.

Branch-plant economy beinhaltet jedoch mehr: Mit Hilfe des Begriffs werden nicht nur gravierende technologische Asymmetrien benannt, wie etwa die Beschränkung der Produktion des Filialbetriebes auf Komponenten beziehungsweise auf die Ausführung einzelner Arbeitsgänge am Produkt. Branch-plant economy verweist auf mehr als technisch-ökonomische Asymmetrien: Die betroffenen Betriebe fällen nicht oder nur teilweise Entscheidungen über die Tätigung von Investitionen in Unternehmen, unterhalten keine oder nur marginale Forschungs- und Entwicklungsabteilungen. Diese Betriebe organisieren nicht das Controlling ihrer Geschäftstätigkeit, das Marketing oder den Vertrieb ihrer Produkte, vielmehr entscheidet und erledigt dies die außerhalb der Region beziehungsweise des Landes gelegene Konzernzentrale.

Die wirtschaftsorganisatorischen ziehen soziale Asymmetrien nach sich. In den Branch-plants fehlt mit den genannten Funktionen beziehungsweise Abteilungen ganz oder teilweise das höhere, in ausgeprägten Fällen selbst das mittlere Management. Natürlich kann man einwenden: Verlängerte Werkbänke oder Industrieunternehmen, die über keine »komplette Wertschöpfungskette« verfügen, sind in jeder Art von Marktwirtschaft anzutreffen. Und das nicht erst seit gestern. Ihre Zahl nahm jedoch mit der Globalisierung weiter zu, und insoweit passt die ostdeutsche Entwicklung in einen seit den siebziger Jahren zu beobachtenden Trend. Der Aachener Wirtschaftswissenschaftler Karl Georg Zinne beschreibt ihn so: »Das ›Imperium‹ des international etablierten Kapitals stellt eine Oligarchie dar, in der die Masse der mittleren und kleinen Unternehmen durch Zuliefer- und Abnehmerbeziehungen den großen untergeordnet ist, ohne die juristische Selbständigkeit aufgeben zu müssen.«

Doch im ostdeutschen Falle geht es um mehr als das: In den neuen Ländern gibt es nicht nur eine große Zahl von Branch-plants, sondern es handelt sich im Falle Ostdeutschlands um eine Branch-plant economy. Von ihr muss man sprechen, wenn sich erstens in einem Land, das über ein räumlich ausgedehntes Netz von Industriebetrieben verfügt, die Stammbetriebe für die Unternehmen von Gewicht außerhalb der Region beziehungsweise in einem anderen Land befinden und wenn zweitens diese Erscheinung nicht nur massenhaft auftritt, sondern auch einseitig, das heißt, die betroffene Region verfügt selbst nicht über Stammbetriebe in nennenswerter Zahl, die ihrerseits Branch-plants in der anderen Region besitzen. Ja, die Region besitzt kaum größere Werke, die über alle Funktionen eines modernen Unternehmens verfügen. In diesem Falle, wie die Ostbeauftragte schlichtweg von der »Kleinteiligkeit« einer Wirtschaft zu sprechen, kommt einer Verniedlichung des Strukturproblems gleich.

Bezieht man sich auf Unternehmen mit mehr als 1 000 Beschäftigten, dann existiert in den neuen Ländern kaum ein Betrieb, der über alle Unternehmensfunktionen verfügt. Die bekannteste Ausnahme ist Jenoptik in Jena, Rechtsnachfolger des VEB Carl Zeiss Jena, des Stammbetriebs des ehemaligen Kombinats. Lothar Späth, ein früherer Bundesminister, der zum Vorstandsvorsitzenden der Jenoptik AG wurde, kommentierte die Entwicklung zum ostdeutschen Ausnahmeunternehmen so: Es war zwischen der THA und dem westdeutschen Zeiss-Unternehmen in Oberkochen »von Anfang an klar, dass Carl Zeiss Jena eine Tochtergesellschaft von Oberkochen wird. Mich reizte aber die Chance, eine richtige ostdeutsche Firma aufzubauen.« Gefragt, was er darunter versteht, antwortete er: »Wir sind nicht den Weg vieler Unternehmen gegangen, bei denen das Management, der Vertrieb, die Forschung und Entwicklung im Westen sitzen und im Osten nur die Produktion mit der niedrigsten Wertschöpfung hergestellt wird.«

Jenoptik ist Ausnahme geblieben. Günter Heismann, ein bekannter Wirtschaftsjournalist, stellte 2001 fest, dass »Ostdeutschlands Chemieanlagen, Autofabriken und Computerbetriebe ausnahmslos Zweigwerke westdeutscher und ausländischer Konzerne sind, in denen in den seltensten Fällen Forschung und Entwicklung oder andere zentrale Unternehmensfunktionen mit hochqualifizierten, gutbezahlten Arbeitsplätzen zu finden sind«. Sein Urteil: »Nach dem Untergang der DDR musste Ostdeutschlands Industrie sicherlich einer Reformation an Haupt und Gliedern unterzogen werden. In vielen Industriebranchen wurden zwar die Glieder reformiert, doch dabei zugleich die Häupter abgetrennt. Ein hochentwickeltes Industrieland kann nicht allein von Zweigwerken leben. Wenn die neuen Länder noch zehn Jahre nach der ökonomischen Wende in der Arbeitsproduktivität deutlich hinter den alten Ländern zurückliegen, dann zweifellos zu einem beträchtlichen Teil deshalb, weil Ostdeutschlands neue Vorzeigeunternehmen in der Regel bis heute nicht viel mehr sind als hervorragend arbeitende Montagebetriebe.«

Forscher des Instituts für Arbeitsmarkt- und Bedarfsforschung in Nürnberg haben festgestellt, dass der Verkauf ostdeutscher Betriebe an westdeutsche Unternehmen in den Jahren 1990 – 1994 und das daraus resultierende Entstehen von Branch-plants dazu geführt hat, dass in diesen Unternehmen zwar effektiv produziert wird. Die Zentralen großer Firmen, die viele hochqualifizierte und gut verdienende Arbeitskräfte beschäftigen, lägen jedoch im Westen und nicht im Osten Deutschlands. Aber nur diese

Zentren seien es, die in ihrem Umfeld eine Ansiedlung weiterer Firmen und Dienstleistungen bewirken. Daraus ergebe sich eine Kettenreaktion, von der im Osten nur wenige Regionen, wie zum Beispiel Jena, profitieren könnten. Die Magnetwirkung von Wirtschaftszentren hätte sich deshalb im Osten kaum entfalten können. Das habe auch dazu geführt, dass die in den neuen Ländern im Gefolge der Wirtschafts-, Währungs- und Sozialunion gebildeten mittelständischen Unternehmen deutlich geringere Expansionsmöglichkeiten haben als entsprechende Unternehmen in den alten Bundesländern.

Eine dieser ostdeutschen Selbständigen, ein gelernter Maschinenbauer und Ingenieur, der 1992 eine kleine Maschinenbaufirma mit 11 bis 15 Beschäftigten in Prenzlauer Berg, in Ostberlin, übernommen hatte, schilderte die Nöte dieser kleinen Unternehmen auf einem Forum, das von der Friedrich-Ebert-Stiftung im Januar 2001 organisiert worden war, so: »Bestimmte Branchen kriegen bei den Banken rote Fähnchen. Das bedeutet: Die sind nicht finanzierbar. Ganze Firmengrößen kriegen diese Fähnchen. Sobald Rechnungen verzögert, zu spät beglichen werden, vielleicht gleichzeitig von drei, vier Kunden, dann ist die kleine Firma bald bankrott.«

Der Status der zu westdeutschen Konzernen gehörenden ostdeutschen Zulieferer und die prekäre wirtschaftliche Lage vieler ostdeutscher Kleinunternehmen führte dazu, dass die Löhne, die im Osten gezahlt werden (können), niedriger sind als die der gleichen Branche im Westen. Viele ostdeutsche mittelständische Unternehmen können es sich nicht leisten, Tariflöhne zu zahlen. Sie müssen mit ihren Angeboten darunter bleiben. Selbst im Jahre 2015 war nach Angaben der gewerkschaftsnahen Hans-Böckler-Stiftung das Lohnniveau im Osten insgesamt noch immer 17 Prozent niedriger als im Westen. Im

Juli gleichen Jahres lag der Anteil der Bedürftigengruppe der Hartz-IV-Empfänger in den alten Ländern bei 7,2 Prozent der Bevölkerung im arbeitsfähigen Alter, in den neuen bei 12,6 Prozent. Im ostdeutschen Land mit der niedrigsten Quote, in Thüringen, lag sie mit 8,9 Prozent immer noch deutlich über dem westdeutschen Durchschnitt.

Die Prekarisierung sowie die etwa doppelt so hohe Arbeitslosigkeit im Osten gegenüber dem Westen – 19,5 Prozent gegen 11 Prozent 1997, 13,1 Prozent gegenüber 6,4 Prozent 2008 – führten dazu, dass die Abwanderung von qualifizierten Arbeitskräften aus den neuen Bundesländern in die westdeutschen Konzernzentralen sich auch nach der durch die Schocktherapie im Osten bewirkten Deindustrialisierung fortgesetzt hat. Belief sich zum Beispiel die Zahl der Umgezogenen von Ost nach West 1991, dem Jahr des Höhepunkts der Auswirkungen der Schocktherapie auf 229 000 und 1992 noch auf 176 000, so sank sie 1996 –97 auf 125 000 beziehungsweise 126 000 ab, stieg aber, als im folgenden Jahrfünft der Ausgleich der Arbeits- und Lebensverhältnisse zwischen Ost und West nicht wie versprochen stattfand, ab 1998 wieder an und erreichte mit 192 000 »Auswandernden« im Jahre 2001 einen neuen Höhepunkt. In den Folgejahren (bis 2008) pegelte sich die Zahl der Abwandernden bei 130 000 bis 140 000 jährlich ein. Bis 2012 waren insgesamt 1,8 Millionen Ostdeutsche abgewandert. Rechnet man die Zahl der »Rückkehrer« aus dem Westen dagegen, dann handelte es sich immer noch um einen Nettoverlust von in der Regel qualifizierten Arbeitskräften zwischen 50 000 und 60 000 pro Jahr, um einen Braindrain beträchtlichen Ausmaßes also und um einen großen Stolperstein im Wege zur Angleichung des ostdeutschen an das westdeutsche Niveau der Wirtschaftsleistung. Von den Regierungen der besonders betroffenen Länder wie Sachsen-Anhalt und Mecklenburg organisierte Rückrufaktionen, die vor allem an das Heimatgefühl der Ausgewanderten appellierten, hatten angesichts des weiter zwischen Ost und West bestehenden Beschäftigungs- und Wohlstandsgefälles wenig Erfolg. Erst ab 2012 sind Zuzüge und Abzüge zwischen alten und neuen Bundesländern in etwa ausgeglichen.

Deutliche Einkommensunterschiede existieren bis heute auch für Rentner. Zwar hat sich die Sozialversicherungsrente inzwischen fast angeglichen. Der immer noch spürbare Rückstand Ost beruht heute im Wesentlichen darauf, dass über die gesetzliche Rentenversicherung hinausgehende Zusatzrenten in den neuen Bundesländern nur 2 Prozent der Rentenempfänger beziehen, in den alten Bundesländern dagegen 25 Prozent. So erhalten eine betriebliche Altersversorgung im Osten nur 1 Prozent der Rentner, im Westen dagegen 13 Prozent.

Ungeachtet der weiterhin existierenden Einkommensunterschiede zwischen West- und Ostdeutschland ist das durchschnittliche »Arbeitnehmerentgelt« in den neuen Bundesländern rascher dem Niveau der alten Länder angenähert worden, als dies auf Basis von deren Wirtschaftsleistung realisiert werden konnte. Bezogen auf die Arbeitsproduktivität je Erwerbstätigen belief sich der Stand im Osten 1995 auf 61 Prozent des Westniveaus, beim durchschnittlichen Arbeitnehmerentgelt dagegen auf 75 Prozent. Die Differenz betrug also 14 Prozentpunkte. In den folgenden 13 Jahren hat sich der Abstand zum Westniveau bei der Wirtschaftsleistung etwas rascher verringert als beim Arbeitnehmereinkommen. Die Differenz lag 2008 bei 10 Prozentpunkten.

Der in den neuen Ländern noch vorhandene Unterschied zwischen Leistung und Einkommen wird bis heute durch Finanztransfers ausgeglichen. Allerdings sind sie nicht, wie Dankbarkeit von den Ostdeutschen einfordernde Altbundesbürger gern behaupten, die alleinige Quelle. Zur Verringerung des Differenzbetrages tragen auch die privaten Rücküberweisungen von Ostdeutschen, die in den alten Bundesländern Arbeit gefunden haben, bei sowie die Pendlereinkommen jener Bewohner, vor allem Thüringens, die im Westen Arbeit gefunden haben, eine nicht zu unterschätzende Rolle.

Auch wenn bei der Einkommensangleichung Erfolge erzielt werden konnten und die ostdeutschen Einkommen in den Jahren seit der Vereinigung von 50 Prozent (1991) auf 79 Prozent (2008) gestiegen sind, klaffen hinsichtlich der Vermögen zwischen Ost und West weiterhin große Unterschiede. Ein Indikator dafür ist die regionale Verteilung der Erbschaften: In Mecklenburg-Vorpommern wurde im Jahre 2015 von allen Bundesländern am wenigsten vererbt, im Schnitt 52.000 € pro Fall, in Bayern am meisten, circa 176.000 €, also mehr als das Dreifache. Die Differenz ergibt sich nicht nur aus der unterschiedlichen Größe des Geldvermögens, das jeweils vererbt werden konnte, sondern auch aus dem unterschiedlichen Immobilienbesitz. Im bundesdeutschen Durchschnitt (Ost und West) werden in jedem zweiten Erbfall Häuser usw. vererbt, im Osten nur in jedem dritten.

Von der Öffentlichkeit ignoriert werden konnten die weiterexistierenden sozialen Unterschiede zwischen Ost- und Westdeutschland auf Dauer nicht. Bei den meisten Pressebeiträgen, die im Herbst 2015 anlässlich des 25. Jahrestages der Herstellung der deutschen Einheit erschienen, mischte sich bei den Kommentatoren der obligate Stolz auf das Erreichte mit kritischen Zwischentönen. Das spiegelte sich schon in den für derartige Betrachtungen ausgewählten Artikelüberschriften wider, die etwa lauteten: »Durchwachsene Bilanz« oder »Der steinige Weg zur Einheit«.

Von den Kommentatoren günstiger beurteilt als die materielle Angleichung werden die Ergebnisse bei der Herstellung der »Einheit in den Köpfen«. Diese Einschätzungen stützen sich in erster Linie auf Umfragen, in denen West- beziehungsweise Ostdeutsche befragt wurden, wie sie die »Wiedervereinigung« insgesamt einschätzen. Typisch sind Ergebnisse, wie sie eine im Oktober 2009 unter 1 207 Wahlberechtigten durchgeführte Befragung lieferte. Danach bezeichneten 85 Prozent der West- und 91 Prozent der Ostdeutschen die Wiedervereinigung als richtig, nur 12 Prozent beziehungsweise 8 Prozent als Fehlentscheidung. Ist also, wie es Willy Brandt im November 1989 formulierte, »zusammengewachsen, was zusammen gehört«?

Man muss berücksichtigen, dass die 2009 befragten schon für zwei Jahrzehnte einer Kampagne der überwiegenden Anzahl der Medien (und der Politiker) ausgesetzt gewesen waren, in der die DDR als Unrechtsstaat gebrandmarkt wurde. Das veranlasste vielfach den »Mann auf der Straße«, die fast totale Liquidation der DDR – ideologisch politisch, wirtschaftlich, gesellschaftlich – positiv zu beurteilen. »Die BRD blieb Deutschland, die DDR wurde östliche Provinz. Deren Kultur und Geschichte übermalte die nationale, die westliche Medienmacht«, schrieb der in der DDR aufgewachsene und sozialisierte Journalist Christoph Dieckmann 2015 in der Zeitschrift *Das Parlament* unter »Ostdeutsche Erwägungen zum Jubiläum«. Nur eine Minderheit gab dem Druck nicht nach. Dazu gehört auch Dieckmann. Über seine mentale Entwicklung nach 1990 schrieb er: »Ich verweigerte die Reduktion des Landes DDR auf Stasidopingstacheldraht.« Und der prominente ostdeutsche Schauspieler und Fernsehliebling Herbert Köfer bekannte in der *SUPERillu*, dem am weitesten verbreiteten Printmedium in den neuen Bundesländern: »Ja, ich war gerne DDR-Bürger. Und ich möchte mir nicht sagen lassen müssen, jahrzehntelang in einem Unrechtsstaat gelebt zu haben.«

Sobald der »Mann auf der Straße« nicht direkt zu seiner Haltung zur Herstellung der deutschen Einheit als historische Leistung der Überwindung des »Regimes« im Osten Deutschlands befragt wird, sondern gegenwartsbezogen auf Gemeinsamkeiten und Unterschiede, das heißt den erreichten Grad des Zusammenwachsens, angesprochen wird, sehen die Antworten anders aus. Bei der oben bereits zitierten Befragung Wahlberechtigter vertraten, bezogen auf Gemeinsamkeiten und Unterschiede in West und Ost, 56 Prozent der Angesprochenen aus den alten Bundesländern und 61 Prozent der befragten Wähler aus den neuen die Meinung, dass die Unterschiede zwischen Ost- und Westdeutschland weiterhin überwiegen. Wenn es auch große Zustimmung zur Feststellung gab, dass die Herstellung der Einheit durch die Liquidierung der DDR positiv zu beurteilen sei, überwiegend Gemeinsamkeiten sah jeweils nur eine Minderheit der Befragten: 40 Prozent der Westdeutschen und 36 Prozent der Ostdeutschen. »Die deutsche Einheit muss in den Köpfen und den Herzen immer noch erst richtig ankommen«, kommentierte der Theologe, Philosoph und ehemalige Bürgerrechtler Richard Schröder in einer Veröffentlichung im *Spiegel* die Gefühle der Ostdeutschen hinsichtlich der erreichten Einheit. »Im Osten ist das Gefühl, Bürger zweiter Klasse zu sein, über alle Parteiorientierungen hin weitverbreitet.«

»Sind wir verschieden?«, wurden die Deutschen vom Berlin-Institut für Bevölkerung und Entwicklung gefragt. In der *Zeit* vom September 2015 hieß es zu dem Ergebnis: »Die Hälfte der Bevölkerung meinte: Ja! Wessis seien arrogant und besserwisserisch, Ossis dagegen anspruchsvoll und unzufrieden.« Je mehr viele Ostdeutsche, die im März und Dezember 1990 die Abschaffung der DDR bejaht beziehungsweise bekräftigt hatten, mit der Funktionsweise der bundesdeutschen Demokratie und Bürokratie in den folgenden Jahren vertraut wurden, desto eher bildete sich in ihren Köpfen ein vollständiges Charakterbild des Staates ab, in dem sie aufgewachsen waren und bis 1990 gelebt hatten. Der Politikwissenschaftler und Redakteur der *Berliner Zeitung* und Schriftsteller Maxim Leo, 1970 geboren, der dem Land seiner Geburt ganz überwiegend kritisch gegenüberstand, hat diesen nach 1990 vollziehenden Nachdenkprozess für sich so geschildert: »Die Westler fingen schon an, mir auf die Nerven zu gehen. Sie redeten von der DDR, als sei sie ein Choleragebiet. Es hieß, wir seien von der Diktatur verdorben, charakterlich schwach und schlecht ausgebildet. Ich nahm das persönlich, was mich zusätzlich verunsicherte, weil ich ja mit der DDR eigentlich nichts zu tun haben wollte. Aber es war auf einmal da, dieses Gefühl, das ich vorher nicht gekannt habe. Dieses ›Wir‹, das mir (bis 1990 – J. R.) so schwer von den Lippen gekommen war. Ich glaube, ich habe mich der DDR nie so nahe gefühlt wie nach ihrem Untergang.«

Mit den neuen Lebensbedingungen konfrontiert, begann ein Teil der Bewohner der nunmehrigen »neuen Bundesländer«, sich nostalgisch auf die DDR zu besinnen. Diese Einstellung ist von Politikern und Medien immer wieder als »Ostalgie« kritisiert worden. Als Bundeskanzlerin Angela Merkel anlässlich des 20. Jahrestages der Vereinigung im Osten anzutreffende Verklärungen der DDR kritisierte, schrieb ein Dr. Helmut Koch aus Eberswalde (Land Brandenburg), der sich getroffen fühlte, einen Leserbrief an die Zeitung *Neues Deutschland:* Es »ist unbestritten, dass es Unrecht und Willkür gegeben hat, was zu verurteilen und zu kritisieren ist. Wahr ist und bleibt aber auch, dass es in dieser Zeit auf wichtigen Gebieten des Lebens bessere Bedingungen (im Vergleich) zur BRD gegeben hat. In der DDR gab es zum Beispiel gesicherte Arbeitsplätze und einen kollektiven Zusammenhalt, was nach der Wende vielfach durch Ellenbogenfreiheit, Existenzangst und Lohndrückerei ersetzt wurde. Es gab ein sozial geprägtes und einheitliches Bildungssystem, ein Gesundheitswesen, das nicht durch eine Zweiklassengesellschaft geprägt war. Das waren alles keine Verklärungen, sondern reale Tatsachen.«

Geht man von derartigen Stimmungen »gelernter DDR-Bürger«, die als Ostalgie kritisiert werden, aus, dann könnte man zu dem Schluss kommen, dass die Herstellung der mentalen Einheit heutzutage vor allem eine Generationsfrage ist. Nach dem Aussterben der drei in der DDR aufgewachsenen Generationen würden die im Kopf gespeicherten Unterschiede keine Rolle mehr spielen können. »Für mich ist es nur schwer vorzustellen, dass Deutschland vor nicht allzu langer Zeit noch geteilt war«, äußerte zum Beispiel der Medizinstudent Max Rudolph, von der *Zeit* befragt. »Wir kennen das doch nur aus dem Geschichtsbuch oder Erzählungen unserer Familien. Ich komme aus einem Vorort bei Leipzig, aber auch hier ist die DDR inzwischen gefühlt ganz weit weg.« Das klingt überzeugend. Aber ist Rudolphs Meinung repräsentativ? In derselben Nummer der *Zeit* wird über eine Forsa-Umfrage bei 24- bis 25-jährigen Ostdeutschen berichtet. 60 Prozent der Befragten glauben, »dass es zwischen Ost und West größere Mentalitätsunterschiede gebe als zwischen anderen Regionen; bei den Westdeutschen glauben das 42 Prozent«. Sowohl die zwischen 1975 und 1985 geborene sogenannte dritte DDR-Generation, die die DDR und die Bundesrepublik erlebt hat, als auch die nach 1990 Geborenen würden immer wieder auf Unterschiede zwischen Ost und West gestoßen, sagte die Gründerin des Netzwerkes »Dritte Generation«, Adriana Lettrari, befragt über die Unterschiede zu den gleichaltrigen Westdeutschen. »Wir verfügen weder über die gleichen Elitenetzwerke noch über das gleiche Kapital, gehören nicht zur Erbengeneration. Das betrifft die 1990 Geborenen genauso.« Für die bisher gebliebenen, wahrscheinlich auch bleibenden mentalen Unterschiede zwischen West- und Ostdeutschen gibt es allem Anscheine nach keine »biologische Lösung«. Die Angleichung könnte möglicherweise durch die von der Politik immer wieder versprochene, aber nicht realisierte Angleichung des Wirtschafts- und Wohlstandsniveaus der neuen an die alten Bundesländer erreicht werden und ist mit Sicherheit nicht zu erlangen, solange im Osten die Landschaften nicht ebenso blühen wie im Westen.

9. Die beiden ostdeutschen Einholversuche im Vergleich

Ein Vergleich, der die Entwicklung in den neuen Bundesländern der in der DDR gegenüberstellt, ist sicher gewöhnungsbedürftig. Er wurde meines Wissens auch noch nicht versucht. Er ist aber durchaus gerechtfertigt. Wer die in diesem Buch behandelten Abläufe der Einholbemühungen des Ostens gegenüber dem Westen Deutschlands vor und nach 1989 vergleicht, der stellt nicht nur Gemeinsamkeiten in der Zielsetzung, sondern auch beachtliche Ähnlichkeiten im Verlauf der beiden Aufholprozesse fest: Am Anfang wurde lauthals ein rasches Aufschließen aufs Westniveau versprochen. Dem folgte eine – gemessen am verkündeten Zeitplan – viel zu langsame Periode des Aufholens mit insgesamt bescheidenen Ergebnissen, dieser wiederum schloss sich eine Zeit der annähernden Stagnation der Konvergenz an, in der die Wirtschaft im Osten nicht mehr rascher wuchs als die im Westen. Dem folgten Jahre, in denen der Abstand eher zunahm als abnahm. Für die DDR fällt die erste Periode in den Zeitraum 1965–1975, die zweite in das sich anschließende Jahrzehnt und die dritte in den Zeitraum 1985–1989. Für die neuen Bundesländer entfallen diese drei Perioden des Konvergenzstrebens nach Überwindung der Folgen der Schocktherapie in etwa in das Jahrzehnt nach 1995, das Jahrfünft bis 2010 und das Jahrfünft danach (vgl. Tab.1).

Was sich so in wenigen Sätzen sagen lässt, ist an sich die Nachricht über ein unerhörtes Ereignis – jedenfalls aus der Sicht der vorherrschenden Ideologie, die besagt, dass eine Planwirtschaft im Wettlauf mit einer Marktwirtschaft (DDR gegenüber BRD bis 1989) sozusagen gesetzmäßig keine Chancen hat, aufzuholen, in zwei marktwirtschaftlich organisierten Regionen die Wachstumschancen aber prinzipiell gleichverteilt sind. Wenn eine der beiden marktwirtschaftlich gleichstark organisierten Regionen zusätzliche Förderung genießt, dann sind deren Aufholchancen als sehr gut zu beurteilen – meint die herrschende neoliberal geprägte Meinung.

Es hat bisher an Versuchen gefehlt, den »anomalen« Verlauf der Entwicklung der Wirtschaftsleistung zwischen beiden deutschen Staaten zu erklären. Mehr noch, man hat sich geweigert und weigert sich immer noch, zur Kenntnis zu nehmen, dass es erstens der DDR durchaus gelang, den Abstand beim Bruttoinlandsprodukt pro Kopf gegenüber der BRD über einen langen Zeitraum zu verringern, und dass zweitens das erklärte und nunmehr über einen Zeitraum von zweieinhalb Jahrzehnten verfolgte Ziel, die neuen Länder auf die Wirtschaftsleistung der alten Länder zu heben, bisher nicht gelungen ist und die prognostizierte Konvergenz sich – gemessen an den Zielvorgaben – in viel zu langsamem Tempo vollzieht – wenn überhaupt noch.

Typisch für viele Darstellungen des wirtschaftlichen Wettlaufs zwischen DDR und BRD ist eine vom Herausgeber der *Zeit,* Josef Joffe, in der Ausgabe vom 13. November 2014 vorgelegte Darstellung dieses Wettbewerbs. Im Editorial verkündete er unter der Schlagzeile »Das Gegenmodell DDR ist total gescheitert«, dass die Planwirtschaft im Osten Deutschlands zu einem Zeitpunkt (nach Kriegsende) eingeführt wurde, als hinsichtlich der Wirtschaftsleistung zwischen der Ostzone und den Westzonen annähernd Parität herrschte. Bis 1950 habe sich die Wirtschaftsleistung in der nunmehrigen DDR, verglichen mit der der BRD, auf die Hälfte vermindert, um dann im Folgezeitraum bis zum Ende der DDR weiter auf ein Drittel des westdeutschen Leistungsniveaus abzufallen. Abgesehen einmal vom ersten Jahrfünft in Joffes Betrachtung, für das sich die Mehrzahl der Analysten einig ist, dass diese Differenzierung vor allem darauf zurückzuführen war, dass die sowjetische Besatzungszone eine mit den drei Westzonen völlig unvergleichliche Reparationslast zu tragen hatte, wird von Joffe bei der Ausmessung des zweiten, des langen Zeitraums vollständig ignoriert, dass das Absinken der Wirtschaftsleistung im Osten auf ein Drittel erst im Ergebnis der Schocktherapie zustande gekommen ist, die weder von ihren Initiatoren noch von ihrem ordnungspolitischen Inhalt her der DDR-Planwirtschaft zugeordnet werden kann (vgl. Kap. 5). Den seit 1990 gezüchteten Meinungen über die Leistungsunfähigkeit der DDR-Planwirtschaft entspricht Joffes Editorial aber in hohem Maße.

Mindestens eine bedauerliche Folge für die Erkenntnis der ökonomischen Entwicklung zwischen beiden deutschen Staaten haben derartig ideologiekonforme Geschichtsdarstellungen: Niemand hat sich bisher der Frage gestellt, wie es der deutschen Planwirtschaft zeitweise gelingen konnte, gegenüber der deutschen Marktwirtschaft aufzuholen. Die Frage kann mangels Forschungsvorlauf an dieser Stelle auch nicht vollständig beantwortet werden. Aus einem Vergleich des Wachstums des Bruttoinlandsprodukts je Einwohner nach Jahrfünften (vgl. Tab. 1) ergeben sich jedoch gewisse Hinweise: Die besten – wenn auch sehr bescheiden bleibenden – Aufholergebnisse realisierte die DDR-Wirtschaft zwischen 1970 und 1975 beziehungsweise 1980 und 1985. In diese Jahrfünfte fielen die erste und die zweite weltweite Wirtschaftskrise der Nachkriegszeit. Von diesen »Ölkrisen« wurden alle marktwirtschaftlich organisierten Industrieländer gebeutelt, also auch die BRD. Als Folge der Ende der sechziger Jahre einsetzenden Entspannung waren in den Ländern der »sozialistischen Staatengemeinschaft« zwar auch die Handelsbeziehungen zum Westen gewachsen, jedoch lag für die DDR ihr Anteil am Handel mit dem Westen, den »innerdeutschen Handel« eingerechnet, nach 1970 beziehungsweise um 1980 erst bei einem Fünftel beziehungsweise einem Viertel des gesamten Außenhandelsumsatzes. Die Krisenbetroffenheit der DDR war deutlich geringer, die Planwirtschaft selbst – das muss an dieser Stelle auch einmal gesagt werden – kreiert von sich aus keine zyklischen Überproduktionskrisen. Westliche Ökonomen verweisen in diesem Zusammenhang gern auf die der sozialistischen Planwirtschaft innewohnende Mangelwirtschaft als dauerhafte Krisenerscheinung. Die bewirkte in der DDR zwar einen kontinuierlichen, aber allmählichen Rückgang der jährlichen Zuwachsraten von durchschnittlich 4,0 Prozent 1971–1975 auf 3,1 Prozent 1981–1985. Dieses Wachstum lag über dem der BRD, deren Zuwachs am Bruttoinlandsprodukt gegenüber dem vorangegangenen Jahrfünft 1971–1975 von 3,9 Prozent auf 2,3 Prozent durchschnittlich absank und 1981–1985 gegenüber der zweiten Hälfte der siebziger Jahre von 3,3 Prozent auf 1,2 Prozent.

Dass das Wachstum der Wirtschaftsleistung in der DDR im Vergleich zu dem der BRD zeitweise besser war, als ihr von den ideologisch neoliberal gefärbten »Aufarbeitern der DDR-Geschichte« zugebilligt wird, liegt also erstens daran, dass in der zurzeit vorherrschenden Ideologie Krisen in funktionierenden Marktwirtschaften eigentlich nicht vorkommen können, Planwirtschaften sich jedoch in einer Dauerkrise befinden. Zweitens wird bei der Betonung des innovativen Charakters dieser Marktwirtschaften zu wenig darauf hingewiesen, dass technologische Neuentwicklungen sich nicht per se in wirtschaftliches Wachstum ummünzen. Darauf hat in seiner jüngst erschienenen Publikation der Aachener Wirtschaftswissenschaftler Karl Georg Zinn hingewiesen, als er »die Gründe für die anhaltende Wachstumsschwäche in den altindustrialisierten Volkswirtschaften« untersuchte. Die technologische Revolution muss sich nicht in gleichem Maße in gestiegener Arbeitsproduktivität niederschlagen, argumentiert Zinn, sofern Neuinvestitionen mit Blick auf die Absatzmärkte nur zögernd vorgenommen werden. Die beträchtliche technologische Überlegenheit im Bereich der (mikro)elektronischen Industrie, wie sie sich in den achtziger Jahren in der Bundesrepublik gegenüber dem in der DDR erreichten Niveau immer markanter ausprägte, hatte nicht zwangsläufig für die Volkswirtschaft der BRD auch ein Vielfaches an Zuwachs in der Arbeitsproduktivität zur Folge. Deshalb darf es auch nicht verwundern, wenn die am BIP pro Kopf gemessene Arbeitsproduktivität in der bundesdeutschen Marktwirtschaft sich auch in dem von keiner zyklischen Krise betroffenen Jahrfünft (1975–1980) nicht schneller – genau genommen sogar ein wenig langsamer – entwickelte als die der planwirtschaftlich strukturierten DDR.

Genauso wenig wie das Nicht-Zurückbleiben der Wirtschaftsleistung der DDR gegenüber der BRD in den sechziger bis achtziger Jahren lässt sich auf der Basis ideologisch gefärbter Charakterisierungen der beiden für das 20. Jahrhundert typischen Wirtschaftsordnungen begründen, warum sich das Aufholen in der ordnungspolitisch zur Marktwirtschaft gewendeten Ex-DDR auch nach 1989, trotz beträchtlicher Förderungsmaßnahmen, so langsam vollzog und schließlich vollständig ins Stocken geriet.

Bei Ulrich Busch, einem Wirtschaftswissenschaftler aus Berlin (Ost), lautet ein Urteil so: »Nach fünfundzwanzig Jahren ist nun zu erkennen, dass die dem Aufbau Ost zugrundeliegende Entwicklungslogik zwar bis zu einem gewissen Grade erfolgreich war, aber nicht zur vollständigen Konvergenz führt und folglich ihr Ziel auch in nächster Zukunft kaum erreichen wird. Es findet also ein Aufholen statt, aber kein Einholen. Dies bedeutet, dass selbst ein Vierteljahrhundert nach dem Beitritt Ostdeutschlands nicht nur die Transformation nicht abgeschlossen ist, sondern auch die deutsche Einheit ihrer Vollendung harrt.«

Dieser Tatsache stellt sich die politische Klasse der Bundesrepublik auch für die Zeit von 1990 bis 2015 nicht, sondern versucht, enttäuschende Aufholdaten mit Lob fürs Engagement aller am »Aufschwung Ost« Beteiligten zuzudecken. Wenn die Ostbeauftragte Iris Gleicke bei der Präsentation des Jahresberichts der Bundesregierung im 25. Jahr der Herstellung der deutschen Einheit davon spricht, dass »unglaublich viel erreicht« wurde, dann kann das nur als Versuch gewertet werden, unter Verschweigen des Verfehlens ursprünglicher ambitionierter Zielsetzungen dem Publikum das ideologisch irgendwie doch wünschenswerte Ergebnis zu servieren.

Tatsache bleibt aber: So wie es in der DDR nicht gelang, zum westdeutschen Lebensstandard aufzuschließen, so wenig haben das auch die neuen Bundesländer bis heute geschafft. Sobald diese Entwicklung deutlich wurde, ist beide Male, im Vierteljahrhundert vor und nach 1989, versucht worden, die Annäherung beziehungsweise Angleichung beim Lebensstandard unabhängig von der Angleichung im Bereich der Wirtschaftsleistung – wenn man so will künstlich – herzustellen. Um bei der Angleichung des Lebensstandards rascher den (versprochenen) Fortschritt zu erzielen, entschied man sich seitens der DDR-Regierung vor 1989 und seitens der BRD-Regierung nach 1989 zum Verbrauch von Mitteln signifikant über das an Ort und Stelle Erwirtschaftete hinaus. Auf die Transfers aus den alten in die neuen Länder der Bundesrepublik wurde bereits eingegangen. Über die umgekehrten Transfers zu DDR-Zeiten schreibt Richard Schröder, dass »die DDR vom Innerdeutschen Handel seit der Zeit der Besatzungszonen, von westlichen Milliardenkrediten und von Deviseneinnahmen in Zusammenhang mit den deutsch-deutschen Verträgen profitiert hat, von der Transitpauschale, dem westfinanzierten Ausbau der Transitstrecken, den Postausgleichszahlungen – es gingen ja viel mehr Westpakete in den Osten als umgekehrt – aber auch vom Gefangenenfreikauf.« In diesen Transferfällen wie bei den Finanzmittelzuwendungen von Westdeutschland in den Osten nach 1989 haben die über das Erwirtschaftete hinausgehenden zusätzlichen Mittel nicht ausgereicht, um die aus der unterschiedlichen Wirtschaftsleistung von Ost und West resultierende Diskrepanz im Konsumniveau zu überbrücken.

Kommen wir zu einer weiteren Gemeinsamkeit beim Produktivitätsvergleich zwischen der Zeit vor und nach 1989! Sie betrifft den Umgang der Regierenden und der Medien mit den Ergebnissen des Aufholwettbewerbs in der Öffentlichkeit. Da das Resultat, über das zu berichten war, in beiden Fällen nicht mit den ideologischen Vorgaben konform ging, diese Tatsache anzuerkennen aber den wirtschafts- und gesellschaftspolitischen Fehlschlag zuzugeben bedeutet hätte, sind die Regierenden in Ost wie West einer klaren Stellungnahme ausgewichen. Ganz ausgeprägt traf das auf die Regierungszeiten Honeckers und Kohls zu, weniger auf die Ulbrichts in den sechziger Jahren beziehungsweise die Kanzlerschaften von Schröder und Merkel.

Kritik der Wirtschaftsfachleute aus den Regierungsinstitutionen an den ungenügenden Ergebnissen, die mit dem Aufholkurs erreicht wurden, und daraus resultierende Forderungen nach einer Revision der ökonomischen Strategie gab es in der DDR wie in der BRD. Anders als in der Bundesrepublik existierte in der DDR eine strikte Zensur der Presse und gab es einen hohen Geheimhaltungsgrad für intern zustande gekommene Lageeinschätzungen. Geheimhaltungsgrade für vertrauliche Ausarbeitungen von Regierungsinstitutionen gibt es in der BRD zwar auch, aber durchaus auch »leaks«, wodurch derartige Papiere immer mal wieder an die Öffentlichkeit und in die Hände von Analysten gelangen. Von Gerhard Schürers 1988 als Warnung gedachte Ausarbeitung, mit der er dem Politbüro klarzumachen beabsichtigte, dass in der Wirtschaftsstrategie der SED und der Wirtschaftsordnung der DDR wesentliche Änderungen notwendig seien, drang nichts an die Öffentlichkeit. Die Wirtschaftsforscher vom IWH konnten dagegen ab 2009 über die hauseigene Zeitschrift *Konjunktur aktuell* ihre Kritik am erlahmenden Aufholkurs der neuen gegenüber den alten Ländern publik machen und eine Wende fordern. Doch das Echo auf beide Initiativen war verblüffend ähnlich. Schürers Vorschläge verschwanden in Mittags Schreibtisch und hatten somit keine Chance, im Politbüro diskutiert und eventuell politikwirksam zu werden. Die Kritik und die Vorschläge von Ulrich Blum, Direktor des auf die neuen Bundesländer ausgerichteten Instituts für Wirtschaft Halle, und seiner Kollegen an den völlig unzureichenden Ergebnissen des »Aufschwung Ost«, von ihnen »vor fünf Jahren in aller Breite und Tiefe thematisiert«, blieb, wie Blum im Juni 2014 in einem Interview im *Neuen Deutschland* berichtete, in der Politik unbeachtet: »Wir haben immer wieder darauf verwiesen, dass inzwischen die Aufbaustrategie in den neuen Ländern weder effektiv noch effizient ist, leider ohne Resonanz in der Politik.«

Dass das gleiche unbefriedigende Ergebnis zustande kam, muss insofern nachdenklich stimmen, als es einmal unter einer »kommunistischen Diktatur« zustande gekommen ist, das andere Mal unter der als vorbildlich eingeschätzten demokratischen Ordnung der Bundesrepublik. Arno Donda, der Leiter der Staatlichen Zentralverwaltung für Statistik der DDR, der Kraft seines Amtes über die Folgen wirtschaftspolitischer Fehlentscheidungen stets bestens unterrichtet war und mitverantwortlich für die an die politische Führung eingereichten kritischen Berichte, glaubte 1999, auf einer Podiumsdiskussion befragt, feststellen zu müssen: »Der grundlegende Fehler« für die gescheiterte Wirtschaftspolitik der DDR »war die mangelnde Demokratie«. Offensichtlich war das doch eine zu einfache Antwort.

Wenn man in der eingeschlagenen Richtung weiterdenkt und fragt, warum sich beide politischen Führungen über die Mahnungen und Warnungen der Fachleute hinwegsetzten und den einmal eingeschlagenen, für richtig gehaltenen Kurs beibehielten, dann müssen wir auf die obersten Chefs zu sprechen kommen, in der Sprache der historischen Wissenschaft: auf die Rolle der Persönlichkeit in der Geschichte. Die war, was Erich Honecker beziehungsweise Helmut Kohl betraf, offensichtlich groß hinsichtlich des Zustandekommens, vor allem aber bezüglich der Beibehaltung eines wirtschaftspolitischen Kurses, der offensichtlich nicht das bewirkte, was er versprochen hatte – mit der Zeit eher das Gegenteil. Beide fürchteten sich davor, den von ihnen einmal eingeschlagenen Kurs, der eng mit ihren Namen verknüpft war, aufzugeben – beide aus machtpolitischen Gründen. Hauptmotiv dabei war die Sicherung ihrer persönlichen Herrschaft.

Gegen die Richtlinienkompetenz des Kanzlers beziehungsweise des Parteiführers sind die Verfechter der Korrektur einer offensichtlich fehlgeschlagenen wirtschaftspolitischen Strategie lange Zeit – eine viel zu lange Zeit – kaum angekommen, in der BRD ebenso wenig wie in der DDR. Die von Honeckers beziehungsweise Kohls Nachfolgern – Modrow beziehungsweise Schröder – unternommenen Umsteuerungsversuche bezüglich der Wirtschaftsentwicklung Ostdeutschlands sind entweder, im Falle Modrows, auf dem Wege zur deutschen Einheit abgebrochen worden oder wurden, im Falle der BRD bezogen auf die neuen Bundesländer, von den Kanzler Kohl nachfolgenden Regierungschefs halbherzig betrieben. Ein Indikator dafür war der 2003 im Auftrage der Schröder-Regierung gegründete »Gesprächskreis Ost«, in dem 16 Vertreter aus Politik, Wirtschaft und Wissenschaft die zukünftige Entwicklungsstrategie für die neuen Bundesländer ausarbeiten sollten. Der Gesprächskreis legte 2004 seinen Abschlussbericht vor, in dem von der Regierung erhebliche Kurskorrekturen verlangt wurden. Die Vorschläge wurden vonseiten der Schröder-Regierung zurückgewiesen.

Statt dass der Osten wirtschaftlich gegenüber dem Westen ein Vierteljahrhundert nach dem Zustandekommen der deutschen Einheit zu 100 Prozent aufgeschlossen hat, wie in Vorbereitung der Vereinigung 1990 als zentrale ökonomische Zielstellung verkündet und mehr oder minder deutlich auch von Kohls Nachfolgern bekräftigt, ist im Osten – um noch einmal aus Ulrich Blums Interview vom Juni 2014 zu zitieren – »strukturell eine 70 Prozent-Ökonomie des Westens entstanden. Der Aufbau Ost hat gerade einmal die Stagnationsphase der Honecker-Zeit überwunden.«

Die fehlgeschlagene Politik im Osten, »blühende Landschaften« zu schaffen, hat bei der Bevölkerung in den neuen Bundesländern vielfach zu Resignation geführt, zum, wie es der aus dem Westen nach Thüringen gekommene Gewerkschafter und jetzige Ministerpräsident des Landes ausdrückte, »Jammerossi«, der, in seinem »Neurosenghetto sitzend, einen nostalgisch verklärten Blick auf den Staatssozialismus« wirft. Alles andere als euphorisch über die Einheit sind auch viele Westdeutsche, die sich vielfach als diejenigen sehen, die eines Teils ihrer sauer verdienten Einkünfte verlustig gehen, da diese als Solidarbeiträge in den Osten gepumpt werden. »Immer häufiger«, empörte sich Ramelow im zitierten Beitrag im *Neuen Deutschland* angesichts der Unzufriedenheit auf beiden Seiten, »höre ich: ›Die Mauer muss wieder her, und drei Meter höher.‹«

Eines bleibt festzuhalten: Beide ambitionierten Versuche, das ostdeutsche Wirtschafts- und Wohlstandsniveau auf das Westdeutschlands zu heben, sind gescheitert, ungeachtet aller unterschiedlichen Bedingungen und Umstände, unter denen sich die Aufholversuche vollzogen haben.

SCHLUSS
Trübe Aussichten – Zweimal Blick auf Ostdeutschlands Zukunft: 1989 und 2015

Es macht in diesem Ostdeutschland gewidmeten Zeitvergleich Sinn, abschließend die Frage zu stellen: Wo stand die DDR 1989, und wo stehen, verglichen damit, die neuen Länder heute beziehungsweise ganz konkret: Wo standen sie im Jahre 2015?

Beschäftigen wir uns – anknüpfend an Kapitel 9 – zunächst mit der Frage, welche Einschätzung die jeweils politisch Verantwortlichen vorgenommen haben, wobei wir uns vergegenwärtigen müssen, dass deren Urteil letztlich auf eine Einschätzung des von ihnen Geleisteten hinausläuft.

In der dem 40-jährigen Jubiläum der Gründung der DDR gewidmeten Nummer 9/10 der vom ZK der SED herausgegebenen *Einheit*, der »Zeitschrift für Theorie und Praxis des wissenschaftlichen Sozialismus«, schrieb Erich Honecker im September 1989: »Ihren 40. Jahrestag begeht die DDR als Staat mit einem funktionierenden, effektiven sozialistischen Gesellschaftssystem.« Ausgehend von der von ihm immer wieder gern vertretenen These, dass die DDR »zu den zehn entwickeltesten Industrieländern gehöre«, fuhr er fort: »Die materiell-technische Basis unserer Planwirtschaft wird unübersehbar von den Fortschritten bei der Meisterung der wissenschaftlich-technischen Revolution gekennzeichnet.«

Dass es bei der Bewältigung dieser anspruchsvollen Aufgabe Probleme gegeben habe und auch weiterhin geben würde, stritt Honecker in seinem Beitrag in der *Ein-*

heit keineswegs ab. »Kein Staat der Welt bewältigt so tiefgreifende Änderungen seiner Wirtschaftsstruktur ohne Entwicklungsprobleme und Anspannungen, auch wir nicht.« Honecker schloss seinen Beitrag mit einem Blick in die Zukunft: »Mit Stolz auf das Erreichte, sich den nicht geringen Anforderungen bei der weiteren Gestaltung der entwickelten sozialistischen Gesellschaft zu stellen, geht unser Volk guten Mutes in das fünfte Jahrzehnt der DDR.«

Die Meinung der Verantwortung tragenden Wirtschaftsexperten in der Plankommission und im Finanzministerium war eine deutlich andere als die ihres Parteichefs und Staatsoberhauptes. Sie kamen in ihrer Ende September 1989 aufgenommenen Untersuchung über den Zustand der DDR-Volkswirtschaft zum Schluss, dass die DDR-Wirtschaft von Kopf bis Fuß reformiert werden müsse, wollte die DDR ein fünftes Jahrzehnt weiterexistieren.

Am Vorabend des 25. Jahrestages der Herstellung der deutschen Einheit und damit der Integration der zu den »neuen Bundesländern« gewordenen DDR gab die Ostbeauftragte der Bundesregierung, Iris Gleicke, der vom Deutschen Bundestag herausgegebenen Zeitschrift *Das Parlament* ein Interview »über den wirtschaftlichen Aufholprozess in den neuen Ländern«. Im Osten, so Frau Gleicke, »ist ja wirklich kein Stein an dem anderen geblieben. Dabei haben wir in den vergangenen 25 Jahren viel erreicht und können darauf stolz sein, und den Rest schaffen wir auch noch.«

Die Fachleute, diejenigen Wirtschaftswissenschaftler, die die ökonomische Entwicklung der neuen Länder analysieren, teilten und teilen diese »regierungsamtliche« optimistische Sicht nicht. Laut einem Gutachten, dass vom Ifo-Institut Dresden (einer Zweigniederlassung des Münchener Ifo-Instituts) 2015 angefertigt wurde, gibt es etliche

Probleme beim wirtschaftlichen Aufholprozess. Er sei in den letzten Jahren »nahezu vollständig zum Erliegen gekommen«.

Die Dresdener Wissenschaftler verweisen auf das Fehlen von Großunternehmen und eine unterdurchschnittliche Innovationskraft im Osten. Nach Einschätzung der Wirtschaftswissenschaftler werde das auch so bleiben. »Alles spricht dafür, dass Ostdeutschland in den nächsten 25 Jahren nicht aufholen kann«, schätzte Joachim Ragnitz, der stellvertretende Leiter der Ifo-Niederlassung Dresden, die wirtschaftliche Lage in Ostdeutschland ein. Die Annäherung zwischen Ost- und Westdeutschland im Sinne der Wirtschaftsleistung sei bereits vor zwanzig Jahren zum Stillstand gekommen. Angesichts der Entwicklung dieser Wirtschaftsdaten, rät Ragnitz, »sollten wir von der ohnehin illusorischen Vorstellung einer ›Angleichung der Lebensverhältnisse‹ Abstand nehmen«. Als Grundlage für seine pessimistische Prognose nennt der NBL-Experte kaum zu behebende strukturelle Ursachen, wie das Fehlen von hochproduktiven Großunternehmen. Viele große Industrieunternehmen seien im Zuge des Einigungsprozesses bekanntlich weggebrochen. Tröstend weist Ragnitz darauf hin, dass es in Ostdeutschland einzelne »Wachstumspole« wie Dresden, Leipzig, Jena und das Berliner Umland mit durchaus positiver Perspektive gebe.

Mit seiner insgesamt pessimistischen Einschätzung steht das Dresdener Ifo-Institut nicht allein. Auf die diesbezügliche Einschätzung von Ostdeutschlands ökonomischen Aufholchancen durch das Hallenser Wirtschaftsinstitut wurde bereits eingegangen. In der im Juni 2015 veröffentlichten 144 Seiten langen Studie des Berliner DIW – übrigens im Auftrage der Ostbeauftragten erarbeitet – wird insbesondere auf die Folgen der »Kleinteiligkeit« der ostdeutschen Wirtschaft hingewiesen. Weil in den neuen Ländern die Firmen kleiner sind als in den alten und es in den neuen Ländern auch keine Unternehmenszentralen gibt, werde in den Ostbetrieben weniger geforscht. Dies beeinträchtige letztlich auch Produktivität und Innovation. Statt auf innovative Produkte zu setzen und neue Märkte zu erschließen, werde zu oft auf eine kostenmindernde Strategie gesetzt. Ein wichtiger Grund hierfür seien die spezifischen Kosten, »die mit Exportaktivitäten verbunden sind«, argumentieren die Forscher. Und diese Kosten, das sei unter Experten allgemein anerkannt, könnten Konzerne besser stemmen als kleine Firmen.

Iris Gleicke hat sicherlich die von ihr in Auftrag gegebene DIW-Studie gelesen. Ihr Kommentar: Man habe nunmehr im Osten eine »leistungsfähige mittelständische Wirtschaft«,was fehle seien allerdings die großen Unternehmen. Sie gesteht angesichts der Folgen der »Kleinteiligkeit« der ostdeutschen Wirtschaft ein: »Wir werden noch viel Zeit brauchen, und zwar deutlich über 2019 hinaus.«

2019 läuft der »Solidarpakt II« aus, die letzte spezifisch für die neuen Bundesländer geschaffene Fördermaßnahme. Ein Ende der Ostförderung, so Iris Gleicke, dürfe es nicht geben: »Das würde bedeuten, einen Motor abzuwürgen, den man gerade mit viel Aufwand ins Laufen gebracht hat.«

Mit ihrer Forderung nach Fortsetzung der Finanztransfers widerspricht die Ostbeauftragte eigentlich allen optimistischen Aussagen zum Thema »Aufschwung Ost«, die sie 2015 in Interviews und Artikeln von sich gegeben hat – und stimmt mit der düsteren Prognose der ökonomischen Forschungsinstitute überein.

Ohne Milliardenhilfe also keine weitere Annäherung der Wirtschaftsleistung Ostdeutschlands an die der Bundesrepublik! Ganz ähnlich stand es um Ostdeutschland auch nach der Einschätzung des Expertengremiums der DDR-Wirtschaftsinstitutionen vom Oktober 1989. Die Forderung der Wirtschaftsexperten lautete damals: Strategisches Umdenken, grundlegende Reformen durch die DDR-Regierung. Dafür sollte man bereit sein, auf Bonns Bestreben engere Beziehungen zwischen beiden deutschen Staaten herzustellen, einzugehen. Die Modrow-Regierung griff diese Forderungen im November 1989 auf und war während der vier Monate Amtszeit bestrebt, eine ökonomische Reform in Richtung Marktwirtschaft zu konzipieren und – unterstützt von 15 Milliarden DM »Lastenausgleich« aus Bonn – schrittweise einzuführen.

Unausgesprochen oder auch ausgesprochen, findet sich die Forderung nach einer neuen Strategie für die östlichen Bundesländer auch in den Gutachten der ökonomischen Forschungsinstitute von 2015. Alles, was sich die zuständige Institution der Bundesregierung bisher daraus abzuleiten getraute, ist die Forderung nach Fortsetzung der Fördermaßnahmen über 2019 hinaus. Das ist schon eine richtige Forderung, denn ein wirtschaftspolitischer Neuanfang, der die Wirtschaft der neuen Bundesländer auf eine Bahn bringt, die aus der Sackgasse, die in die bisherige Strategie geführt hat, befreit, ist ohne Fördergelder in Milliardenhöhe nicht zu realisieren. Aber deren Bewilligung ist keineswegs sicher. Denn die Zahlungen an den Osten beizubehalten und gar zu steigern, widerspricht dem neoliberalen Grundkonsens, den alle bundesdeutschen Regierungen seit den achtziger Jahren verinnerlicht haben, insbesondere seitdem Wolfgang Schäuble Finanzminister wurde.

Die Gesamtdeutschland vertretenden Bundesregierungen haben sich in dieser Frage so dogmatisch, ja starrköpfig verhalten, wie es die Regierenden in der DDR in den siebziger und achtziger Jahren bezüglich der Einführung dezentraler Strukturen in die Planwirtschaft taten. Von jener Haltung nahm man in Ostberlin erst Abstand, als die DDR als Staat gefährdet war. Diese Gefahr besteht für die Bundesrepublik auch bei Fortdauer der problematischen Entwicklung in den neuen Ländern offensichtlich nicht. Die Ex-DDR (ohne Berlin-Ost) macht heutzutage nur einen Bruchteil der Bundesrepublik aus – ein Fünftel der Fläche, ein Achtel der Bevölkerung und ein Zwölftel des erzeugten Bruttoinlandsprodukts. Schließlich hat das bundesdeutsche Wirtschaftswunder der fünfziger und sechziger Jahre auch die Existenz von »Zonenrandgebieten« vertragen. Die relative Stagnation des Osten, gilt den Regierenden offensichtlich als verkraftbar, ökonomisch wie auch sozial und politisch. Vorrang in der innerdeutschen Ostpolitik hat bis heute das »Weiter so« und das »Wir schaffen das schon« – auf gut Deutsch: das Weiterwursteln. Die Wahrheit, die im SPD-Papier vom Januar 1990 in Zusammenhang mit notwendigen wirtschaftsstrukturellen Umgestaltungen ausgesprochen wurde, wenn man denn die deutsche Einheit verwirklichen wolle, hat jedenfalls von ihrer Aktualität nichts verloren. Im Kamppeter-Papier wurde vor jenen »Reformmaßnahmen« gewarnt, die zu verwirklichen von der CDU-geführten Bundesregierung ein halbes Jahr später mit Schocktherapie begannen und die auf strukturelle Totalanpassung der neuen Ostgebiete hinausliefen und die seitdem mehr oder minder nachdrücklich fortgeführt worden sind. Kamppeter hatte ausdrücklich davor gewarnt, diesen Weg einzuschlagen: »Wir bekämen ein Zonenrandgebiet von der Elbe bis zur Oder.« So bedauerlich das ist: Wir haben es heute, wenn auch – zugegeben – mit einigen »Leuchttürmen«.

ANHANG

Tabelle 1

Größe des Bruttoinlandsprodukts je Einwohner in Ost-deutschland im Vergleich zu Westdeutschland im Viertel-jahrhundert vor und nach dem Beitritt der DDR zur Bun-desrepublik

Jahr	Niveau (in Prozent)	Veränderung (in Prozent)
1965	41	0 (gegenüber 1960)
1970	45	+4
1975	50	+5
1980	51	+1
1985	56	+5
1989	55	−1
1991	33	−22
1995	59	+26
2005	60	+1
2010	65	+5
2013	69	+3
2014	67	−2
2000	67	0

Quellen:
- Zentrum für Historische Sozialforschung, Köln: Bd. 38 (2013) 4, S. 29.
- Institut der deutschen Wirtschaft Köln: *Deutschland in Zahlen*: 2011, S. 131; 2015, S. 129.
- Berechnungen des Autors.

Glossarium

Akkumulation: Tätigung von Investitionen über den Ersatz verbrauchter Anlagen hinaus.

Branch-plant economy: (engl.) wörtlich: Zweigbetriebsökonomie. Wirtschaft eines Landes, die keine Stammbetriebe großer Konzerne aufweist und deren Betriebe als Zweigunternehmen überwiegend die Aufträge außerhalb der Region angesiedelter Konzernzentralen abarbeiten. Meist handelt es sich bei diesen Zulieferteile herstellenden beziehungsweise die Endmontage betreibenden Unternehmen um »verlängerte Werkbänke«.

Braindrain: ist das Resultat der Emigration von Arbeitskräften, die dem Abwanderungsgebiet beziehungsweise -land Kenntnisse und Fertigkeiten entzieht.

Bruttoinlandsprodukt: ist das Maß für die im Inland entstandene Leistung einer Volkswirtschaft in einer Produktionsperiode, in der Regel ein Jahr. Bruttoinlandsprodukt je Kopf der Bevölkerung gibt Auskunft über den Aufwand an Arbeitskraft für die Herstellung des Bruttoinlandsprodukts, somit über den Stand der Arbeitsproduktivität, über die Wirtschaftsleistung in einer Volkswirtschaft.

CoCom: Abkürzung für Coordinating Committee for East-West Trade Policy, (engl.) wörtlich: Koordinierungskomitee für Ost-West-Handelspolitik: 1949–1994 arbeitende Institution mit Sitz in Paris, die für 16 westliche Industrieländer, darunter die USA und die Bundesrepublik, den Handel der Mitgliedsländer mit der »sozialistischen Staatengemeinschaft«, darunter die Sowjetunion und die DDR, regulierte mit dem Ziel, dorthin keine »sensitiven Erzeugnisse« von Rüstungsgütern bis zu High-Tech-Produkten, sogenannte **Embargo**güter, auszuführen.

Fordismus: Herstellungsweise, die auf hoch standardisierter Massenproduktion beruht. Da die standardisierte Produktpalette einer zunehmend individualisierten Nachfrage nicht mehr zufriedenstellen konnte, geriet sie ab den 1970er Jahren in eine Krise. Die nachfolgende Herstellungsweise wird auch als **Postfordismus** bezeichnet.

Gestattungsproduktion: Herstellung von Produkten durch DDR-Betriebe für bundesdeutsche Abnehmer entsprechend deren Vorgaben hinsichtlich Design und Rohstoffverwendung.

Joint Venture: Zusammenarbeit von geographisch getrennt existierenden Unternehmen verschiedener Eigentümer, die alle Formen der ökonomischen Kooperation zwischen Unternehmen einschließlich Lizenzvergabe, vertragliche Fertigung und gemeinschaftlich betriebene Betriebe verschiedener Eigentümer umfasst.

Keynesianismus: An den Auffassungen des englischen Nationalökonomen John Maynard Keynes orientierte Wirtschaftspolitik, die dem Staat, insbesondere über seine Geldpolitik, eine gestaltende Rolle in der Wirtschaft einräumt, im Unterschied zum Neoliberalismus.

NC- und CNC-Steuerungen: Abkürzung für Numerical Control beziehungsweise Computerized Numerical Control (engl.) = Elektronische Steuerungen, z. B. für die Handhabung von Werkzeugmaschinen.

Neoliberalismus: Auf den Forderungen der klassischen Wirtschaftslehre des Liberalismus nach freier Marktwirtschaft und Freihandel aufbauend, wenden sich seine Vertreter gegen die Einmischung des Staates in die Ökonomie, auch gegen Staatseigentum in der Wirtschaft, plädieren für die ungehinderte Entfaltung der privatwirtschaftlichen Initiative.

Terms of Trade: (engl.) wörtlich: Handelsbedingungen. Es handelt sich um die durch die Preise gesetzten Bedingungen für den Warenaustausch im internationalen Handel. Gemeint ist das Preisverhältnis zwischen dem exportierten Gut und dem importierten Gut. Eine Verschlechterung der Terms of Trade bedeutet, dass eine Volkswirtschaft weniger Importware für die gleiche Exportgütermenge erhält.

Valutamark: Abkürzung VM. Im DDR-Außenhandel offiziell benutzter Begriff für die D-Mark.

Verzeichnis der benutzten Abkürzungen

ABL	alte Bundesländer
BDI	Bund deutscher Industrieller
BIP	Bruttoinlandsprodukt
BRD	Bundesrepublik Deutschland
DDR	Deutsche Demokratische Republik
DIW	Deutsches Institut für Wirtschaftsforschung
EDV	Elektronische Datenverarbeitung
HVA	Hauptverwaltung Aufklärung
IWH	Institut für Wirtschaftsforschung Halle
KoKo	Bereich Kommerzielle Koordinierung
LDPD	Liberaldemokratische Partei Deutschlands
MfS	Ministerium für Staatssicherheit
NBL	neue Bundesländer
NÖS	Neues Ökonomisches System der Planung und Leitung der Volkswirtschaft
NSW	Nichtsozialistische Welt (Länder mit harter Währung)
ÖSS	Ökonomisches System des Sozialismus
PDS	Partei des demokratischen Sozialismus
SED	Sozialistische Einheitspartei Deutschlands
SPK	Staatliche Plankommission der DDR
THA	Treuhandanstalt
VEB	Volkseigener Betrieb
ZK	Zentralkomitee

Verzeichnis benutzter Literatur (Auswahl)

1. Zitierte Dokumente

Unser Fünfjahrplan des friedlichen Aufbaus, Berlin 1950.

Der Siebenjahrplan des Wohlstands und des Glücks des Volkes, Berlin 1959.

Richtlinie für das neue ökonomische System der Planung und Leitung der Volkswirtschaft, Berlin 1963.

Zur Gestaltung des ökonomischen Systems des Sozialismus in der DDR in den Jahren 1971 bis 1975, Berlin 1970.

Bericht des Politbüros an die 4. Tagung des ZK der SED, Berlin 1970.

Direktive des X. Parteitages der SED zum Fünfjahrplan für die Entwicklung der Volkswirtschaft der DDR in den Jahren 1981 bis 1985, Berlin 1981.

Direktive des XI. Parteitages der SED zum Fünfjahrplan für die Entwicklung der Volkswirtschaft der DDR in den Jahren 1986–1990, Berlin 1986.

Gerhard Schürer/Gerhard Beil/Alexander Schalck/Ernst Höfner/Arno Donda: Vorlage an das Politbüro des ZK der SED. Analyse der ökonomischen Lage der DDR mit Schlussfolgerungen, 30.10.1989. Abgedruckt in: Blessing/Kühn (siehe unten), S. 127–144.

Volkswirtschaftliche Abteilung der Deutschen Bank AG: DDR-Wirtschaft: Lage – Wandel – Zukunft, beschlossen am 5. Januar 1990.

Sachverständigenrat zur Begutachtung der gesamtwirtschaftlichen Entwicklung: Zur Unterstützung der Wirtschaftsreform in der DDR: Voraussetzungen und Möglichkeiten. Sondergutachten vom 20. Januar 1990.

Studie von Werner Kamppeter für die Landtagsfraktion der SPD Niedersachsen: Umbau der DDR-Wirtschaft und Implikationen für die BRD, 30. Januar 1990.

Arbeitsgruppe Wirtschaftsreform beim Ministerrat der DDR: Regierungskonzept zur Wirtschaftsreform in der DDR, 1. Februar 1990.

Institut für Wirtschaftspolitik der Universität Köln: Gutachten »Vorteile der wirtschaftlichen Einheit Deutschlands«, März 1990.

Der Staatsvertrag. Grundlage der deutschen Einheit, Berlin/Bonn, Juni 1990.

Der Vertrag über die Schaffung einer Währungs-, Wirtschafts- und Sozialunion zwischen der Bundesrepublik Deutschland und der Deutschen Demokratischen Republik. Erklärungen und Dokumente, Bonn, Juni 1990.

Vertrag zwischen der Bundesrepublik Deutschland und der Deutschen Demokratischen Republik über die Herstellung der Einheit Deutschlands, Bonn, 6.9.1990.

Statistisches Bundesamt: Untersuchung zur Validität der statistischen Ergebnisse für das Gebiet der ehemaligen DDR. Ergebnisbericht Wiesbaden, April 1991.

Dokumente zur Deutschlandpolitik. Deutsche Einheit. Sonderedition aus den Akten des Bundeskanzleramtes 1989/90, München 1998.

2. Statistische Quellen

Statistisches Jahrbuch der Deutschen Demokratischen Republik '90, Berlin 1990.

Deutsche Bundesbank: Die Zahlungsbilanz der ehemaligen DDR 1975–1989, Frankfurt/Main 1998.

Zentrum für Historische Sozialforschung (Gerhard Heske): Bruttoinlandsprodukt, Verbrauch und Erwerbstätigkeit in Ostdeutschland 1970–2000, Köln 2005.

Zentrum für Historische Sozialforschung (Gerhard Heske): Volkswirtschaftliche Gesamtrechnung DDR 1950–1989. Daten, Methoden, Vergleiche. Köln 2009.

Zentrum für Historische Sozialforschung (Gerhard Heske): Wertschöpfung, Erwerbstätigkeit und Investitionen in der Industrie Ostdeutschlands 1950 – 2000. Daten, Methoden, Vergleiche. Köln 2013.

Zusammengewachsen? 20 Jahre Deutsche Einheit (Bundeszentrale für Politische Bildung: Themenblätter im Unterricht Nr. 85). Bonn, Oktober 2010.

Institut der deutschen Wirtschaft Köln: Deutschland in Zahlen, Jahrgänge 1992 – 2015.

3. Memoiren

Döring, Karl: *EKO. Stahl für die DDR – Stahl für die Welt.* Berlin 2015.

Kohl, Helmut: *Mein Tagebuch. 1998 – 2000.* München 2000.

Krömke, Claus: *Das »Neue Ökonomische System der Planung und Leitung der Volkswirtschaft« und die Wandlungen des Günter Mittag.* Berlin 1996.

Luft, Christa: *Zwischen Wende und Ende.* Berlin 1999.

Mittag, Günter: *Um jeden Preis. Im Spannungsfeld zweier Systeme.* Berlin/Weimar 1991.

Modrow, Hans: *Aufbruch und Ende.* Hamburg 1991.

Most, Edgar: *Fünfzig Jahre im Auftrag des Kapitals. Gibt es einen dritten Weg?* Berlin 2009.

Schalck-Golodkowski, Alexander: *Deutsch-deutsche Erinnerungen.* Hamburg 2000.

Schürer, Gerhard: *Gewagt und Verloren. Eine deutsche Biografie.* Frankfurt/Oder 1996.

Siegert, Walter: *Konnten Hans Modrow und seine Regierung die DDR aus der Krise führen?* (unveröffentlichtes Manuskript).

4. Protokolle von Diskussionsveranstaltungen und Tagungsbände

Friedrich-Ebert-Stiftung/Forum Berlin: *Anatomie einer Pleite. Der Niedergang der DDR-Wirtschaft seit 1971.* Berlin 2000.

Friedrich-Ebert-Stiftung/Forum Berlin: *Bilanz: 10 Jahre deutsche Einheit.* Berlin 2000.

Institut für Wirtschaftsforschung Halle: »Zwanzig Jahre Deutsche Einheit. Von der Transformation zur europäischen Integration«. In: *Wirtschaft im Wandel* 10/2009, S. 394–444.

5. Weitere Literatur

Akerlof, George A./Andrew K. Rose/Janet L. Yellen/Helga Hessenius: *East Germany in from the Cold: The Economic Aftermath of Currency Union.* (Brookings Papers of Economic Activity 1/1991).

Berger, Wolfgang: »Zu den Hauptursachen des Untergangs der DDR«. In: *Weißenseer Blätter* 4/1992, S. 26–36.

Blessing, Klaus/Wolfgang Kühn: *Der Osten hängt am Tropf. Wie die Regierung uns belügt. Fakten kontra Propaganda.* Berlin 2012.

Bollinger, Stefan (Hrsg.): *Das letzte Jahr der DDR. Zwischen Revolution und Selbstaufgabe.* Berlin 2004.

Blum, Ulrich: »Nullsummenspiel Deutsche Einheit«. In: *Neues Deutschland*, 9.5.2014.

Busch, Ulrich: *Am Tropf. Die ostdeutsche Transfergesellschaft.* Berlin 2002.

Busch, Ulrich/Michael Thomas (Hrsg.): *Ein Vierteljahrhundert Deutsche Einheit. Facetten einer unvollendeten Integration.* Berlin 2015.

Cornelsen, Doris (Bearbeiterin): »Die Lage der DDR-Wirtschaft zur Jahreswende 1989/90«. In: *DIW-Wochenbericht* 5/1989, S. 53–61.

Die große nationale Bedeutung des Siebenjahrplanes der Deutschen Demokratischen Republik, Berlin 1960.

Flassbeck, Heiner u. a.: »Reform der Wirtschaftsordnung in der DDR und die Aufgaben der Bundesrepublik«. In: *DIW-Wochenbericht* 6/1990, S. 65–75.

Hankel, Wilhelm: *Die sieben Todsünden der Vereinigung. Wege aus dem Wirtschaftsdesaster.* Berlin 1993.

Hölder, Egon: *Statement des Präsidenten des Statistischen Bundesamtes: DDR-Statistik – Schein und Wirklichkeit.* Wiesbaden, 11. April 1991.

Joffe, Josef: »Das Gegenmodell DDR ist total gescheitert«. In: *Die Zeit* 47/214, S. 10.

Krone, Tina (Hrsg.): *»Sie haben so lange das Sagen, wie wir es dulden«. Briefe an das Neue Forum. September 1989 bis März 1990.* Berlin 1999.

Lambrecht, Horst: »Die DDR als Kooperationspartner. Ergebnisse einer Umfrage bei Unternehmen in der Bundesrepublik«. In: *DIW-Wochenbericht* 46/1988, S. 615–622.

Leibiger, Jürgen: *Wirtschaftswachstum. Mechanismen, Widersprüche und Grenzen.* Köln 2016.

Leinemann, Jürgen: *Helmut Kohl. Die Inszenierung einer Karriere.* Berlin 1998.

Luft, Christa: *Treuhandreport. Werden, Wachsen und Vergehen einer deutschen Behörde.* Berlin/Weimar 1992.

Mählert, Ulrich (Hrsg.): *Die DDR als Chance. Neue Perspektiven auf ein altes Thema.* Berlin 2016.

Mittelbach, Hans: *Lohn- und Kapitaleinkommen in Deutschland 1990 bis 2010. Zur Kritik neoklassischer und neoliberaler Modelle.* Köln 2013.

Noé, Claus: »Die große deutsche Illusion. Zehn Jahre Einheitspolitik – zehn Jahre ökonomische Täuschung«. In: *Lettre* 50/2000, S. 5–16.

Paqué, Karl-Heinz: *Die Bilanz. Eine wirtschaftliche Analyse der deutschen Einheit.* München 2009.

Ramelow, Bodo: »Hat der Osten eine Chance?« In: *Neues Deutschland,* 4.–5.10.1997.

Ritter, Gerhard A.: *Der Preis der deutschen Einheit. Die Wiedervereinigung und die Krise des Sozialstaates.* München 2006.

Rödder, Andreas: *Deutschland einig Vaterland. Die Geschichte der Wiedervereinigung.* Bonn 2010.

Roesler, Jörg: *Geschichte der DDR.* Köln 2016 (3. Auflage).

Roesler, Jörg: *Vom Partner zum Adoptivkind. Der Wandel in der Haltung der Bundesregierung zur DDR im Verlauf der Herbstrevolution (November 1989 bis Februar 1990).* (hefte zur ddr-geschichte 133) Berlin 2014.

Rudnick, Carola S.: *Die andere Hälfte der Erinnerung. Die DDR in der deutschen Geschichtspolitik nach 1989.* Bielefeld 2011.

Sinn, Gerlinde u. Hans-Werner Kaltstart: *Volkswirtschaftliche Aspekte der deutschen Vereinigung.* Tübingen 1992 (2. neu bearbeitete Auflage).

Staritz, Dietrich: *Geschichte der DDR. Erweiterte Neuausgabe.* Stuttgart 1996.

Szabó, Máté: »Some Lessons of Collective Protests in Central European Post-Communist Countries: Poland, Hungary, Slovakia, and East Germany between 1989–1993«. In: *Frankfurter Institut für Transformationsstudien. Discussion Papers* 8/2000, S. 1–17.

Weidenfeld, Werner (Hrsg.): *Demokratie und Marktwirtschaft in Osteuropa. Strategien für Europa.* Bonn 1995.

Wenzel, Siegfried: *Was war die DDR wert?* Ergänzte, aktualisierte Ausgabe. Berlin 2015.

Zinn, Karl Georg: *Vom Kapitalismus ohne Wachstum zur Marktwirtschaft ohne Kapitalismus.* Hamburg 2015.